U0939242

德鲁克商业课

创新与企业家精神

王志强 刘志则◎著

台海出版社

图书在版编目（CIP）数据

德鲁克商业课 ：创新与企业家精神 / 王志强，刘志则著. -- 北京 ：台海出版社，2020.9
ISBN 978-7-5168-2515-0

Ⅰ. ①德… Ⅱ. ①王… ②刘… Ⅲ. ①企业管理 Ⅳ. ①F272

中国版本图书馆 CIP 数据核字 (2019) 第 278473 号

德鲁克商业课 ：创新与企业家精神

著　　者：王志强　刘志则

出 版 人：蔡　旭　　封面设计：张合涛
责任编辑：姚红梅

出版发行：台海出版社
地　　址：北京市东城区景山东街 20 号　　邮政编码：100009
电　　话：010-64041652（发行，邮购）
传　　真：010-84045799（总编室）
网　　址：www.taimeng.org.cn/thcbs/default.htm
E-mail：thcbs@126.com

经　　销：全国各地新华书店
印　　刷：艺堂印刷（天津）有限公司
本书如有破损、缺页、装订错误，请与本社联系调换

开　　本：710 毫米 ×1000 毫米　1/16
字　　数：185 千字　　印　　张：17
版　　次：2020 年 9 月第 1 版　　印　　次：2020 年 9 月第 1 次印刷
书　　号：ISBN 978-7-5168-2515-0

定　　价：68.00 元

前言

PREFACE

彼得·德鲁克被称为“现代管理学之父”，有史以来对管理学贡献最多的大师，是现代管理学界一位德高望重的学者。他的管理思想的实践性和前瞻性也被世界上大多数的管理者公认为——对现代管理学起着巨大的贡献作用。

1954 年，德鲁克首次提出来一个划时代意义的概念——目标管理。这个概念，让管理学成了一门学科，也让更多的人能够系统地学习到管理学的理论。在此后的六十多年的时间里，德鲁克用自己的经验、认知、分析，写了三十多部管理学著作，以及数百篇论文及演讲稿。这些作品在全世界受到了广泛的关注和欢迎，传播到一百三十多个国家，且在哪里都能成为畅销作品。

2002 年的时候，德鲁克获得了美国当年的“总统自由勋章”，被称为“现代管理学之父”“大师中的大师”。连通用电气前首席执行官杰克·韦尔奇、微软总裁比尔·盖茨都成了他忠实的粉丝。

如今德鲁克的管理学在世界各地都有着很大的影响力。企业、学校、教会、医院……都在运用着德鲁克的管理思想，这样的管理方式不仅提高了管理的绩效，而且使它们运转得更加优良。当德鲁克把这套管理学带到世界上，带进全球如此之多的企业后，他仍然在不断学习、不断奋斗，让自己的管理学理论与实践能结合得更加完美。他曾精辟地阐述过管理的本质，说："管理是一种实践，其本质不在于'知'而在于'行'；其验证不在于逻辑，而在于成果；其唯一权威就是成就。"从上述这段话中，我们可以认识到德鲁克对于管理学有着怎样的认知和见解。

如今的社会发展迅速，随着人工智能的出现，谁都无法预料未来的方向。因此，很多管理者也许会有这样的疑问：人工智能或者是新的技术是否会取代管理者，德鲁克的这套管理学是否会过时呢？对此，我们可以用德鲁克的一段话来回答这个问题："新技术将不会造成管理者过剩，或是被纯技术人员取代，相反，未来会需要更多的管理者。管理的领域将会大幅扩大，许多现在被视为基层员工的人，未来将必须有能力负担起管理工作。绝大多数的技术人员都必须了解管理工作的内容，并且从管理者的角度来看待事情和思考问题。"

德鲁克的思想是他多年来经验的凝结，德鲁克的管理学也是他人生最大的财富与宝库。他的管理学无论放在任何年代、无论处于怎样的世界和社会中，都不会出现过时的现象。因为，他的作品每一部都是经典，每一部都是他毕生的精华，都值得我们用心去品读和研究。

本书结合德鲁克众多经典作品中对管理学的认知和理论，加上中外各种贴合实际的案例，为读者深入地剖析德鲁克的管理学精髓，让每一位读者都能够从中学习到管理学的真谛。也希望每一位读者，都能够从本书中找到自己对于管理学的认识，并让自己一步步迈向更高的管理层，成为企业中不可或缺的人才，成为公司的中流砥柱。

目 录

CONTENTS

Part 3 战略管理：领导没有规划，企业就没有未来

Part 4 创新管理：没有创新的企业，没有未来

Part 5 团队管理：企业犹如一面墙，缺少哪块砖都会坍塌

Part 6 人事管理：21 世纪缺的不是人才，是发现人才的眼睛

Part 7 绩效管理：以结果为依据，尊重员工带来的成果

Part 8 责任管理：有担当，才会成为优秀的领导

Part 9 时间管理：给时间下个定义，做事效率才会高

Part 10 自我管理：你有怎样的修养，就有怎样的高度

Part 1

目标管理：没有方向，一艘船如何正确前行

拥有多大的目标，企业就有多大的发展

德鲁克在伦敦商学院讲授管理之道时，讲了这样一个哲理故事：普里马韦拉森林有一群伐木工人，他们来到森林里清除灌木。好不容易清除完一片灌木，想好好休息一下时，却发现他们清除错了——他们真正需要清除的是对面那片树林里的灌木。其实，现实中的很多人在工作中，也像那些清除灌木的工人，他们只知道一个劲地埋头苦干，却不知道自己所做的，其实并不是原本应该要做的那些。

在德鲁克看来，这种结果是非常让人沮丧的，而这也是很多管理工作没有效率的原因所在，也是那些不懂管理方法的管理者最易犯的错误。他们把时间和精力都浪费在了无用的事情上，而真正需要他们做的事情，他们却一点未做。对此，德鲁克认为管理者在实施管理工作之前必须要

确定好目标，同时还要列出详细计划，因为这样就能避免做无用的事情。

井植岁男是日本三洋电机的创始人，他在公司成立之初就把“远大理想”作为了自己的奋斗目标，并且一直为此努力着。有记者问他：“为什么公司的名字叫三洋？这其中包含着什么意义吗？”他解释说：“我一向认为名字越大气越好，这代表着公司的发展也会越来越好。我为公司起名字时想着把产品卖到太平洋、大西洋、印度洋的每个国家，所以就起名为三洋。”

他在公司成立时说：“今天是我们三洋电机公司成立的第一天，虽然现在我们的管理者人数只有20名，但是我们的发展前景却像大西洋那么宽广。我相信，在不久的将来，我们生产的电机就能卖出200万台。不止这些，现在世界的总人口有几十亿，我们要让至少一半的人使用我们公司生产的电机。我有信心，因为从一开始我就为公司制定了远大的目标，相信只要向着这个目标前进，我们就一定会成功。”事实上，三洋电机的发展正像他所说的那样，经过几十年的努力，甚至已经远远超出了他的目标。如今，三洋电机已经闻名遐迩，众所周知了。

为自己的管理确立一个目标，然后向着这个目标前进，相信任何管理者都可以将梦想实现。当然，这个前提是：管理者设定的目标必须能够通过努力得以实现，而不是不着边际的。在现实生活中，每个管理者制定的目标有大有小，所以同样是成功，有的管理者成就大，有的管理者成就小。

如今的互联网时代，是一个机遇与挑战并存的时代，网络科技的发展颠覆了许多传统的思维和经营模式，新产品开发的时间和产品的生命周期大大缩短，同时，多姿多彩的虚拟世界也创造了许多新的商业机会。

这个时代，吸引着众多企业通过各种方式大踏步地迈开全球化的步伐，因为市场情况瞬息万变，网络科技的发展渗透各个行业的各个方面，所以，企业也面临着前所未有的竞争与挑战。

10年前，传统IT企业如金山或金蝶，其软件开发工作的实施通常以年为单位。年初，由产品经理写好一份大需求，经过各方评估后启动项目，几个月后，由设计、开发等部门进行软件提测，之后缓慢迭代。

而现在，互联网企业的生产则是完全不同的一番景象：一款产品，一个月甚至更短的时间就会推出一个版本；1–2周的时间做界面设计，并且进度大部分与开发重合；产品经理（如果有的话）需要随时根据用户反馈和竞争对手的情况做需求，界面设计和开发更要同步跟进，测试时间更短。

而相比较之下，后一种做法更能抓住用户需求的变化，有更大的机会不断地瞄准目标，也有更多的机会去尝试创新。马化腾用“互联网竞争是生死时速，从不论资排辈”来告诉企业经营者，在互联网时代任何企业都有做强做大的机会，都可以在竞争中取得胜利，因为在这个时代，任何一家企业，不论大小都有挑战大企业，甚至是互联网巨头的能力。同时，马化腾还认为，在这个不论资排辈的时代，企业要想在竞争中取得胜利，就要有敢于挑战的勇气，正如他所说：“人往往习惯于进入自己熟悉、擅长的领域，而对陌生领域，持一种恐惧的态度。其实每个人都具有无限的潜力，勇于挑战自己的不足，敢于主动创造变化，就能将自己的潜力转化为实力。”在竞争面前，腾讯从来不惧怕挑战，这一点在其与联众的竞争中被充分体现了出来。

2003年，联众是世界上最大的休闲游戏平台，它拥有2亿注册用户，月活跃用户1500万，最高同时在线人数60万。同时，联众在中国、美国、日本、韩国架设有服务器，这样一个强大的游戏公司在当时是难以被打败的。然而，马化腾没有被联众的强大吓倒，而是决定与联众展开竞争。于是在2003年，QQ游戏推出了拥有打牌升级、四国军棋、象棋三个游戏的版本。

这个版本的游戏并没有引起联众创始人鲍岳桥的重视，他亲身体验了腾讯这个版本的游戏，感觉没有什么特殊的，于是决定不再更新原有系统，而是将研发重心投入新的项目——“联众新世界”中去。

2004年，联众被韩国最大的网络游戏集团NHN收购，成为其旗下的子公司，此时联众的实力更加雄厚，因为它可以大量移植韩国网游资源，同时，还能得到资金与人才的支持，这些都是腾讯所没有的。但是，此时的腾讯仍旧没有害怕，并且逐渐超越了联众。此时的联众把精力转向大型游戏市场，而休闲棋牌游戏不再更新，一些Bug长期存在，这些都给用户带来了不好的使用体验，最终导致老用户流失。与其相反的是，腾讯在产品上快速更新，打造更精美的界面，相对联众游戏而言，更具竞争力。除此之外，腾讯游戏的操作细节更加人性化，具体体现在QQ可以自动加入，自定义查找趣味相投的网友，而且这些都是免费的。

腾讯游戏之所以能够胜过联众游戏，就是因为腾讯在面对游戏巨头的时候没有胆怯，而是锁定目标，勇敢去挑战，依靠自己不断的创新与完善来逐步赢得用户，最终形成了对联众游戏的绝对优势。

由此我们不难发现，互联网竞争正像马化腾所说的那样“不会论资排辈”，目标明确、勇于挑战的人就有可能取得胜利。

如果管理者的目标是想成为一名伟大的管理者，就要努力练就管理技能，从而实现自己的目标，成为伟大的管理者；如果管理者的目标仅仅是做一名普通员工，并不想付出太多的努力，那么在管理中这样的管理者就很难有建树。针对于此，德鲁克一直强调，管理者成就的大小和他确立的目标有很大关系——有什么样的目标，就会有什么样的成功和什么样的人生。如果确立的目标远大，那么他的事业就会无比辉煌；如果确立的目标较小，那么他在事业上就不会取得太大的成就。

美国著名地产商人特尔乐以前是在一家洗车厂工作，专门从事洗车、喷漆等工作。有一天，有一位顾客开着豪车来到洗车厂，让特尔乐给他的车好好洗一洗。因为特尔乐是第一次近距离地接触这么豪华的车，所以他不禁叫道："这车真酷！"他甚至忍不住拉开车门上去坐了坐，而他的组长见状走了过来，对他说："你在做什么？难道你不知道自己的身份？像你这样的人这辈子也别想坐上豪华轿车！"特尔乐非常生气，但因为对方是组长，所以他并没有说什么，但是此时的他下定决心将来一定要做出一番成绩，为自己买一辆豪华轿车！确定了这个伟大的目标之后，他就开始不断努力。

5 年之后，经过不断努力的特尔乐终于取得了事业上的辉煌成就——成了著名的地产商人。这时，他买了一辆更豪华的劳斯莱斯 Ghost！而多年前那个洗车厂的组长，现在仍然是汽车厂的一名组长。

试想，如果当年特尔乐也像组长一样胸无大志，没有奋斗目标，他也许就不会有今天的一番成就了。

在德鲁克看来，很多平庸之人，他们没有人生目标，只是听天由命，对工作、生活消极，没有责任感，情愿听命于人，不去努力奋斗。殊不知，人生因为有了远大目标才有前进的动力，才会取得一定的成功。

> 美国石油大王保罗·盖蒂曾经提出的一个想法，很值得探讨。盖蒂的想法是这样的，如果把全世界所有的金钱和资产全部打乱，混在一起，然后再把它们平均分配给全世界所有的人，让地球上的每一个人都拥有相同数量的金钱和资产，然而在半个小时之后，全世界财富分配均等的人们的财富便会不再相同——有的人可能会因为赌博而输光自己全部的财富，有的人可能会因为炒股而套牢自己的财富，甚至有的人可能会因为受到欺骗而分文不剩。如此一来，财富情况又会发生很大变化，而这种情况随着时间的推移会越来越明显，时间越长差距越大。盖蒂非常自信地说，我用我的人格担保，经过一两年之后，全球的财富分配情况将会恢复到未均分之前，有钱的还是那部分人，而贫困的人依然贫困，他们不会有多少转变。后来，盖蒂得出一个结论：一个人的成功与失败，关键是由他看事物的角度以及所制定的目标决定的。

人们不得不佩服盖蒂的推理，因为这是很有道理的。由于每个人的目标不同，进而使每个人的人生也很不同。有什么样的目标便会有什么样的人生，目标宏伟则人生宏伟，目标渺小则人生渺小，它们是成正比的。可以说，一个人没有远大的目标，就没有前进的动力，也就不会到达胜利的彼岸。一个人只有树立远大的目标，朝着目标勇往直前地奋斗，才有可能超越一切，获得成功。

其实对于现实中的管理来说，同样需要有卓越的目标。也就是说，管理者实施管理前最好先制定好目标（这个目标一定是切实可行的），这样一来，目标就会得以实现。如果管理者没有制定好目标，就好比无头苍蝇一样乱撞，最终不仅不会产生高效管理，还会消耗大量的精力。总之，卓越的管理源于卓越的目标，所以管理者在实施管理之前一定要先制定出目标。

目标可以远大，但不能大到看不清自己

在商业竞争白热化的时代，稍不留神，一个企业就葬身于滚滚商海了。每个企业的发展水平及前景都不尽相同，不同的环境造就了不同的企业战略、文化以及发展重点。这个世界上没有永远打不败和永远站不起来的企业，重要的是如何根据自身的特点，发挥自身的优势。

阿里巴巴就是一个典型的例子。在最初成立的时候，阿里巴巴并没有多少资金积累。但是十多年发展下来，阿里巴巴稳中求发展，一直到上市，这里面隐藏的商业精髓很深刻。古人说，与其羡慕别人，不如看看你口袋里装了什么。阿里巴巴与环球资源不同的经营模式也说明了这一点，环球资源开辟一个个新域名，而阿里巴巴则是根据自己的特点，集中在一个旗帜下发展自己的品牌产品。

如今，阿里巴巴已经成为一个庞大的商业帝国，有了淘宝网，收购了雅虎中国，在搜索和门户网站领域也有涉足。2007 年 1 月，阿里巴巴又成立阿里软件，进入企业商务软件领域。现在，阿里巴巴各领域、产业链之间配合密切、协同发展，共同造就了如今阿里的广阔版图。

德鲁克认为，从公司的长远发展来说，制定正确的、符合企业实际的战略规划是非常重要的。尤其是在如今日益激烈的市场竞争中，一个企业无论大小，其战略都不是一成不变的，也不要根据对手去制定战略，因为对公司来说最重要的不是战胜对手，而是赢得客户的忠诚。那些根据对手而改变战略的企业，会在市场竞争中失去发展的方向，从而错失机遇，甚至会为企业带来无法预料的后果。

因此，在管理中，企业家要学会忠诚于市场，着眼于客户需要，来制定企业的发展战略，不要因为对手的竞争而乱了阵脚。要知道，企业制定战略的目的不是打败竞争对手，而是让客户满意。制定企业的发展战略要着眼于客户需求，这样就不会迷失方向，从而获得长远发展。

一个主要目标，拆分成多个具体目标

德鲁克这样告诫管理者：若是管理者有了目标，并能够用行动来不断地和目标进行对比和修正，当管理者能够清晰地看到两者之间相近时，就会产生动力，并且自觉地克服困难，使得努力能够达到目标。明确的目标对于人们的努力来说非常重要。

俞敏洪是一个善于将大目标分解为许多小目标的高手，他认为，如果将创业目标比作大房子的话，那么达到终极目标的路程就是一个建造大房子的艰难过程。漂亮美观的大房子，就是由一块一块砖头垒起来的，这一块块的砖头就是一个个被细化了的小目标，没有它们，作为终极目标的大房子就不可能建造起来。

俞敏洪的父亲在村子里是一个小有名气的木匠，因此，只要村里谁家盖房子，都会请他父亲去帮忙，俞敏洪如有时间也会陪着父亲去，看父亲如何给别人盖房。渐渐地，他发现父亲有一个很奇怪的习惯，每次帮别人盖完房子，父亲都会把别人不要的小石头和碎瓦片捡回家，有时一两块，有时好多块，而他父亲在平时走路时，看到有砖头或者是石块，也会捡起来拿回家。

渐渐地，家里的院子里就堆放了很多大小不同的碎瓦片。这些东西在俞敏洪看来都是没有用的废物，而且还让院子显得很小，局促不堪。

但是，就是这些在俞敏洪看来没有用的瓦片和小石块渐渐堆积成山后，他的父亲又开始了另一项工作，就是在院子的一个角落里测量尺寸，开始挖地基，接着用那些碎瓦片和小石块拼凑着和着泥砌成墙，就这样，那些俞敏洪觉得没有用的“废物”，变成了一座有模有样的小房子。当房子建好以后，他的父亲就把整天在院子当中乱跑的猪羊都赶进了这个小房子，然后又把院子重新收拾一番。于是，俞敏洪家的院子便成了全村人都羡慕的干净院子了，而猪羊也有了自己更加舒适的小窝。

对于这件事情，俞敏洪的印象至今仍然十分深刻。在他的印象中，父亲就是一个能够变废为宝的“魔术师”，因此，在他的心中，一直都觉得自己的父亲是一个很了不起的人。这件事带给他的另一个影响就是做人做事的态度，无论是在大学，还是在以后创立新东方的历程中，父亲的这股精神和力量都一直激励着俞敏洪。

俞敏洪对此曾说过：“从一块砖头到一堆砖头，最后变成一间小房子，我父亲向我阐释了做成一件事情的全部奥秘。一块砖没有什么用，一堆砖也没有什么用，如果你心中没有一个造房子的目标，那么拥有天下所有的砖头也是一堆废物。如果只有造房子的想法而没有砖头，目标也没法实现。当时我家穷得几乎连吃饭都成问题，自然是没有钱去买砖的，但是我父亲并没有放弃，他日复一日捡砖头碎瓦，终于有一天有了足够的砖头来造心中的房子。”

后来，俞敏洪在一次讲座中针对这件事情说过这样的一段话：“一是做这件事情的目标是什么？因为盲目做事情就像捡了一堆砖头而不知道干什么一样，只会浪费自己的生命。二是需要多少努力，才能够把这件事情做成？也就是需要捡多少砖头才能把房子造好，之后就要有足够的耐心，因为砖头不是一天就能捡够的。”

做任何事都要先明确自己的目标。正如俞敏洪所说：“把所有的小目标加起来就是一个大目标，就像搬砖头一样。你搬一辈子的小砖头，你就永远办不了大事，但是你有一个目标，要造房子，你就能成功。”

对日本运动员山本田一来说，也是因制订出了适合自己的计划，才获得了 1984 年东京国际马拉松邀请赛的冠军。山本在他的自传中这样总结自己的比赛经验：“在每一次比赛之前，我都会将比赛沿途一些比较醒目的标志记录下来。例如，第一个标志是博物馆，第二个标志是银行，第三个标志是一座别具一格的房子……就这样，当比赛还没有正式开始的时候我就将这些标志作为征服的目标，每当经过一个目标的时候就会觉得自己又获得了一次巨大的能量，于是就在这样不断地征服中轻而易举地跑完了整个路程。”

一滴滴水珠的汇合，能形成一条大河，任何伟大的目标都不是一蹴而就的，哪个辉煌的成就不是由一个个不起眼儿的目标汇集而成呢？

在关于目标的设计上，德鲁克认为做事需要考量客观的实际情况，不能够全凭管理者一个人的主观判断来决策，应该让每一个下属都积极地参与其中，这样才能更主动地发挥出下属的积极性和创造性，只有这样，企业才能既设立了自己参与的总目标，又能满足下属自我发挥的需求。任何一个组织或者企业，总目标的确立是目标管理的起点，但总目标还需要分解成若干个具体目标，由各单位或各部门通过具体目标再制订严密周详的计划，这样，总目标才能够和分目标交相呼应，形成目标的锁链关系。目标管理的核心就是将各个分目标整合起来，以目标来统一管理各团队及个人的活动、验收绩效，从而以实现制定的总目标。

从德鲁克的观点中我们可以看出，设立目标的首要关键就是要做好详细周密的计划，因为只有一个健全的计划，才能够让目标得到更好的施行。一个健全的计划要包括目标的建立、目标的实施方针、政策、方法以及整体程序的选择，同时还要有各个目标完成的期限，这样才能够使各项工作循序渐进。当然，健全的计划固然重要，但没有有效的考核，同样也无济于事，唯有与合理的考核机制相搭配，才能评估和验收目标的执行情况，再给予及时有效的反馈，做出合理的调整。唯有这样，主目标才能够一步步得到实现。

给目标一个“检修期”，不能一条道走到黑

我们都知道，计划对于一个人的工作起着至关重要的作用，因为有了计划和目标，我们的行动才有更清晰的指引。像指挥作战的军事家，他们在战斗打响前，都会制定几套作战方案；企业家在产品投放市场前，也会制订一系列的市场营销计划。德鲁克指出，我们学会制订计划，其意义是很大的，它是实现目标的必由之路。然而，计划是否完备、是否万无一失，是否在执行的过程中与原定目标逐渐偏离，还需要我们在做事的过程中经常检查。

可能你也曾有过这样的经历：当上级领导交代给你一项任务，你也为此做了精心的准备，制定好了实施方案，而且在整个执行的过程中，你一鼓作气，认为完美无瑕。然而，当你把工作成果交给领导时，却被

领导批评这份成果已与原本的任务目标背道而驰了。这就是为什么我们常常被上司以及长辈教导做事一定要多思考，以防偏差。

娜娜是一名高三的学生，还有三个月她就要上“战场”了。这天周末，家里亲戚聚会，在饭桌上，大家的谈论话题很自然地就转到了娜娜高考这件事上。其中娜娜和她姑姑还有着这样的对话：

> 姑姑问娜娜：“你想上什么大学啊？”
>
> “南大。”娜娜脱口而出。
>
> “我记得你上高一的时候跟我说的是北大，那时候你信誓旦旦地说自己一定要考上，现在怎么降低标准了？娜娜，你这样可不行。”
>
> “哎呀，姑姑，咱得实际点是不是，高一的时候，树立一个远大的目标是为了激励自己不断努力，但现在到了高三，我自己的实力如何我很清楚，我发现考北大已经不现实了，如果还是抱着当初的目标，那我的自信心只会不断递减，哪里还有动力去学习呢？您说是不是？”
>
> “你说得倒也对，制定任何目标都应该实事求是，而不应该好高骛远啊，看来，我们也不能给我们家娜娜太大压力，还是让她自己决定上哪个学校吧。”

在这段对话中，娜娜的话很有道理。的确，任何目标都应该根据自身的情况和时间段来制定，不切实际的目标只会打击我们的自信心。当然，我们应该肯定目标的重要意义，但这并不代表我们就要固守目标、一成不变。很多专家为那些求学的人提出建议，要不断调整自己的目标，也许你一直向往着清华北大、一直想能排名第一，但根据第二步的分析，如果这些科目你经过努力仍然无法提高的话，那你就应该调整自己的目标，否则不能实现的目标可能会使你失去信心，影响学习的效率，有时一个不切实际的目标就等于没有目标。

其实，不仅是学习，在工作中，我们也要及时调整自己的计划，做事不能盲目。工作的第一步应该是明确自己的目标，有目标才会有动力，有了动力才能够前进，但在总体目标下，我们可以适当调整自己的计划，这正如“石油大王”洛克菲勒所说：“全面检查一次，再决定哪一项计划最好。”任何一个初入职场的年轻人都应该记住洛克菲勒的话，平时多做一手准备，多检查计划是否合理，这样就能减少一点失误，也会多一分把握。

德鲁克认为，在做事的过程中，当我们有了目标，并能把自己的工作与目标不断地加以对照，进而清楚地知道自己的行进速度与目标之间的距离时，我们的做事成果就会得到维持和提高，就会自觉地克服一切困难，努力达到目标。

的确，思维指导行动，如果计划不周全，那么，就好比一个机器上的关键零件出现问题，那就意味着全盘皆输。一位名人说得好：“生命的要务不是超越他人，而是超越自己。”所以我们一定要根据自己的实际情况制定目标，跟别人比是痛苦的根源，跟自己的过去比才是动力和快乐的源泉，这一点不光可以用在工作上，在以后的生活中也都用得着，而且对你的人生也将会产生积极的影响。

另外，计划里总会有不适宜的部分，对此，我们需要及时调整。也就是说，当计划执行到一个阶段以后，你需要检查一下做事的效果，并对原计划中不适宜的地方进行调整，一个新的更适合自己的计划将会使今后的工作更加有效。

因此，你可以把目标再细化一些，把大目标分解成多个小目标，把长期目标切割成若干个短期目标，最后再根据细化后的目标制订计划。另外，由于不同的工作有不同的特点，所以你还应根据手头任务制定细化的目标，细化目标能帮助我们及时地调整自己的目标。

总之，每个人都应该根据自己的实际情况，制定一个通过自己的能力能够实现的目标。当然，目标的制定也绝不是一成不变的，我们要随着实际情况不断地做微调，只有这样，在经过一段时间后，你才能够确定一个能给自己带来源源不断动力的目标。

执行目标，绝不可有犹豫不决之心

现实中，我们每时每刻都要面对着很多选择，而如何做出正确的选择，关系到我们利益的最大化。许多人在面对着多种利益选择时，总是希望自己能够将全部的利益都收入囊中，这种贪大求全、锱铢必较的心态往往会使自己陷入畏首畏尾、顾此失彼的境地。

德鲁克指出，犹豫不决、当断不断几乎成了大多数人必须战胜的危险敌人。

站在人生的十字路口上，我们总要去选择一个方向。周密计划、瞻前顾后固然能降低出错的概率，但往往也会让我们付出错失良机的巨大代价。与其眼睁睁地看着机遇旁落，不如果断做出决定，因为关乎人生方向的抉择，从来都不是一道或对或错的选择题，任何一个决定都不可能达到尽善尽美的境界，未来永远都充满未知和不确定，所以，我们所能做的，就是当机会出现时，第一时间紧紧地抓住它。

现代成功学大师拿破仑·希尔，在25岁那年，作为一名记者他有机会采访钢铁大王卡内基。起初，采访过程进行得很顺利，可令人意外的是，卡内基突然提出了一个问题："你是否愿意接受一份没有报酬的工作，用20年的时间来研究世界上的成功人士？"

没有报酬的工作谁也不会愿意接受，而有机会接触全世界最成功的人士，又是希尔一直以来的梦想，二者相权，让他一时有些为难。可是他突然意识到，这一定是一项具有挑战性的工作，一个人的人生不应该在平淡中度过，于是，他没有多做考虑，就坚定果敢地回答："我愿意！"

对于如此迅速的回答，卡内基有些意外地问："你真的考虑好了吗？"

"是的，我愿意！"希尔更加坚定地说。

卡内基露出满意的笑容，指着手表说："年轻人，如果你回答的时间超过60秒，你将无法得到这次机会。我已经考察近百位年轻人，没有一个人能够如此迅速地给出答案，这说明他们过于优柔寡断。所以，我认可你。"

在那以后，通过卡内基的引荐，他有幸采访到像爱迪生这样的世界知名人士。在短短几年时间里，他结识了社会各界卓有成效的社会名流近500人，他把这些人的成功经验写成一本著作——《成功规律》，此书一经问世就遭到了疯抢。

通过20年的努力，希尔不仅成为美国享有盛誉的学者、演讲家、教育家和拥有万贯家财的畅销书作家，还成为美国两届总统——威尔逊和罗斯福的顾问。

在回忆自己成功的经历时，希尔说："果断是成功的救命草。没有那天我坚定的应答，就没有今天的成就。"其实，在通往成功的道路上，我们每个人都能得到相等的机会，而差别就在于我们是否能够把握住这些机会。

一个人总是前怕狼后怕虎，总是徘徊不定，只会让自己陷入尴尬两难的境地。有些事迟迟无法决定，时间拖得越久，越会在各种矛盾纠结中感到痛苦，直到丧失了大好良机。古往今来凡成大事者，都有一个共同的特点：处事果决，当机立断。足球教练在比赛中能够果断换人就能扭转败局；军事家在战斗中能够果断出击就能够把握战机；企业家在商场中能够果断决策就能够无往不利。

美国默卡尔集团董事长菲利博·默卡尔曾有过这样一个故事：

1975年3月，墨西哥发生了猪瘟，并且波及牛羊等家畜。听到了这则消息，当时还是一家小型肉食加工公司老板的默卡尔突然意识到，这是一个千载难逢的商机。因为如果墨西哥暴发猪瘟，靠近墨西哥的加利福尼亚州和得克萨斯州也一定不能幸免。这两个州是美国肉食的主要供应地，到时候，肉食供应肯定会紧张，肉价就会一路飙升。

当其他人还在犹豫不决时，默卡尔果断做出决定：集中公司全部资金，动用公司全部人力，在猪瘟到达以前到加利福尼亚州和得克萨斯州购买大量猪肉和牛羊肉，结果不到一个月的时间，默卡尔的公司就准备了足够多的肉类食品。

果不其然，像默卡尔预料的那样，墨西哥的猪瘟蔓延到了美国。为了防止事态的恶化，政府下令：禁止加利福尼亚州和得克萨斯州的肉类食品外运。这导致美国国内肉类食品短缺，价格暴涨，仅用了8个月的时间，默卡尔的一个果断决策就净赚了1500万美元，这也为他以后的事业奠定了雄厚基础。

德鲁克告诉我们，人生中的每一天都是一个崭新的开始，我们能左右的就是出发还是等待。生活中的机遇也比比皆是，而机遇也像天空中的闪电，稍纵即逝，因此，要抓住机会，果断决策，心动之后立即行动。

英国小说家艾略特说："世上没有一个伟大的业绩是由事事都求稳操胜券的犹豫不决者创造的。"果断的人为了获取成功往往敢于挑战风险，即使做出错误的选择也能够迅速地去纠正，所以，不要因为害怕失败而瞻前顾后，大的成就往往始于果断的行动。

设定目标后，更要设定完成目标的期限

有没有意志力去完成一件事，很多时候也是对自己要求严不严的结果。为自己的目标设定一个期限，从某种程度上会强化完成这件事情的意志力，缺乏意志做事就会出现拖延。

“拖延”二字，本身就包含着难以到达目标的意思。拖延会给我们的生活带来严重的干扰，以致我们几乎无法完成所设定的目标，即使最终完成了目标，其间也经历了很多痛苦的挣扎。

德鲁克曾说过，经常拖延的人，很难确定奋斗目标，因为他们经常忙着设定目标，而且所设定的目标又总是模棱两可，或者是缺乏时间期限。比如“今天我得做完一些事”或“我准备在几个月的时间里完成这项工作”，如果以这样的方式设定目标，不仅目标含糊不清，完成的时间也没有限制，

反而更容易引发拖延的问题。

19 世纪浪漫主义时期的伟大诗人柯勒律治，本来可以取得辉煌的成就，但本该属于他的荣誉却被授予了与他同时代的威廉·华兹华斯。

柯勒律治的悲剧就是因为他那已经到了无可救药地步的拖延症，他会推迟承诺完成的作品十几年之久。他诗篇中非常著名的，甚至到了今天还依旧被英国文学课堂广泛学习的篇章，都可以从中窥探出他拖延的痕迹。如《克里斯塔贝》《忽必烈汗》……很多都是以未完成的形式发表的。而让人惊叹的是，就是这未完成发表的作品，都离他动笔相隔 20 年之久。虽然《老水手行》是完整的，但也推迟了 5 年才付印。

当然，拖延也给柯勒律治带来了很坏的影响。作家莫莉·雷菲布勒在《鸦片的束缚》一书中这样描述："他的存在变成了一长串连绵不绝的拖延、借口、谎言、人情债、堕落和失败的不快经历……"

同时，财务问题也充斥着柯勒律治的生活，尽管大多数项目计划周密，却很少启动或完成。他的健康状况也一塌糊涂，鸦片成瘾又加剧了他健康的恶化，而他又整整拖延了 10 年才去接受治疗。日益逼近的截稿期限所带来的压力，也消解了工作本身的乐趣。他说："一想到我必须加快步伐，写作时最惬意的时光就会戛然而止。"因此，他也失去了仅有的几个朋友，他的婚姻也因拖延而告吹。

本该是一位能够获得巨大成就的伟大诗人，却因拖延失去了成功的机会，甚至还因此失去了财富、健康与幸福。可见，要想不让自己步柯勒律治的后尘，必须要有意志力战胜拖延。

德鲁克警告人们，做事缺乏意志力而拖延，说白了就是搁着今天的事情不做，而留待明天去做。其实，在这种拖延中所耗费的时间、精力足以将那件事做好。整理以前积累下来的事情，也可能会使人感到非常不愉快，很多人也都会有这样的心理，本来当初一下子就能轻松愉快地做好的事，拖延几天、几周之后，再做起来就感觉惹人讨厌与困难了。所以，拖延不但使事情不能按时完成，而且还会给自己带来负面情绪。

既然如此，那为什么还拖延呢？对那些喜欢拖延的人来说，给自己设定一个完成任务的最后期限，并且严格遵守，不去超过这个期限，坚持下去，就会发现自己正在渐渐远离拖延这个坏毛病，自控能力也在一步步地不断提升。

那么，怎样才能做到在期限内完成任务呢？德鲁克给出了以下几点意见：

（1）计划好自己完成任务的时间。准备完成一项工作或任务时，提前给自己设定一个截止日期，规定最晚在什么时间完成。否则，可能要花费比实际需要多几倍的时间才能完成，不仅不利于工作或任务的顺利进展，还会加重拖延现象，不利于意志力的培养与提升。

计划好自己的时间，将工作或任务之外的事情都考虑进去，如休闲、运动或陪家人的时间等，不要将这些因素作为借口进行拖延。如果没有空闲时间，不妨随身携带一个未完成任务的列表，如果有空闲时间，可以做一些有计划的休闲活动，或进行一些思考。不要在没完成任务时进行毫无计划的放松，尤其是在给接下来的工作确定了截止日期的情况下，如果不好好控制时间，就可能打破截止日期，浪费时间。

（2）设定专注时间，让工作更高效。在工作中出现拖延迹象时，不妨给自己设定一个专注时间，并开始倒计时，这样心理上就会产生紧迫感，从而促使自己更加集中注意力去完成任务。

这种方法很有效，也更易于操作，是一种化整为零的思想。比如设定 20 分钟为一个工作的专注时间段，在这 20 分钟内，必须专注于眼前的工作，不受任何干扰，直到 20 分钟的闹铃响起。之后休息 5 分钟，可以做做深呼吸或到户外活动一下，让自己的身心得到适当的放松，然后再设定下一个20分钟的专注时间段。如果20分钟还是让你感到无法承受，那么可以先设定较短的时间段，如10分钟、5分钟，甚至1分钟的期限，如果在这个期限内能专注工作了，就试着适当增加专注时间段的长度。当在工作时间段内被干扰或无法继续下去时，可以看一下工作时间段的剩余时间，然后暗示自己再坚持几分钟就结束了，从而锻炼自控能力，不让自己拖延。

（3）尝试“创造性拖延”。所谓“创造性拖延”，就是在完成工作的期限之内，重新调整需要优先处理的短期工作（或步骤）。比如将自己喜欢的那部分工作（或步骤）提前完成，而将自己不喜欢的那部分推后完成，这样也能够实现总体的工作目标，并且还能避免精力的耗费。

需注意的是，优先处理的短期工作必须与总体工作目标有关，不能是其他的无关工作。

Part 2

决策管理：从源头到下游，畅通无阻方可一往无前

科学的决策，必须以捕捉信息为基础

德鲁克强调，任何没有必要的决策都是时间和资源的浪费，对于管理者来说，只有必要的决策才能做，没有必要的决策则要把它扔进垃圾桶。所以，区分必要和不必要的决策就显得异常重要。

现在是一个信息时代，可以说，谁最先掌握信息，谁就赢得了主动，也就赢得了财富。企业管理者要想做出科学的决策，必须以捕捉信息为基础。身为管理者，更不能只看到眼前，还需要找准目标、明确方向，否则可能会因为追逐眼前的利益而使企业发展过于快速，最终也可能因激进而让企业深陷泥潭。

王和平是一家肉类加工厂的老板，该工厂平时的肉类购买量都是按照市场的需求量进行的。有一天，他在一份报纸上看到了一条简短的报道，报道说他的家乡将要流行瘟疫，对此报道，开始的王和平并没有在意，他依然是按照日常所需的量购买肉类。结果，不久后他的家乡果真爆发了瘟疫，一时间肉类奇缺，供不应求，而王和平因为没有把握住市场信息，没有及时备货，造成了极大的损失。

现代决策理论的首创者西蒙认为："决策过程中至关重要的因素是信息联系，信息是合理决策的生命线。"在上述案例中，管理者王和平缺乏收集信息的意识，缺乏对信息的敏感度，造成了决策上的失误，使工厂损失惨重。

肯德基是世界上继麦当劳快餐店之后的第二大快餐连锁店，它以其独特的肯德基家乡鸡风味和方便迅捷的服务享誉全球。但是肯德基能打入中国市场并获得成功，很重要的一个原因就是它在进入中国市场前在中国市场广泛收集信息，并在此基础上进行科学的决策。

为了了解中国市场，肯德基还派出人员来到中国北京进行实地考察。这位考察人员在北京的几条街道上用秒表测出人流量，大致估算出每日每条街道上的客流量，同时他还聘请一些大学生在北京各地设置品尝点，请不同年龄、不同职业的人免费品尝肯德基炸鸡，并在游人众多的北海公园广泛征求各种意见。他们详细询问品尝者对炸鸡味道、价格和店堂设计方面的建议，除此之外，这位考察人员还对北京的鸡源、油、盐、茶及北京鸡饲料行业进行了调查，并将样品带回美国，逐一做化学分析。

在这一系列的调查基础上，肯德基分析了这些信息，认为在北京开肯德基快餐店肯定会大获成功。1987年，肯德基公司在北京前门正式开业，他们靠着鲜嫩香酥的炸鸡、一尘不染的餐具、纯朴洁雅的美国乡村风格的店容，加上悦耳动听的钢琴曲，赢得了来往客人的声声赞许。肯德基炸鸡店开张不到300天，盈利就高达250万元，原计划5年才能收回的投资，不到一年就收回了。

信息是市场的反映，只有懂得信息，才能分析市场，因为任何的决策都是为了一个目的：赢得市场，获得利润。获得利润是企业生存的目的，所以，企业的一切决策都是指向市场的，而市场透露出的信息只有被企业管理者掌握之后，才能做出符合市场需求的决策来。

1924年，哈默在莫斯科旅行，当他走到一家文具店的时候，想买一支铅笔，售货员给哈默拿出了一支德国制造的铅笔，这支笔要价50戈比，相当于26美分，而在美国，这样的铅笔只需要两三美分。

商人的嗅觉开始蠢蠢欲动，加之哈默又不是一般的商业天才，他想，一支铅笔能有这么可观的利润，为什么不在苏联建一座铅笔厂呢？于是他找到苏联当时的人民委员克拉辛。

“您的政府是不是已经制定了政策要求每个公民都得学会读书和写字？”

“当然，我们认为这是我们的基本任务之一。”

“这样的话，我想获得一张生产铅笔的执照，我想在贵国生产铅笔，这样就可以为贵国提供大量的铅笔，那么贵国的要求每个公民学会读书和写字的政策就能实行了。”

尽管哈默对铅笔的技术一点儿都不懂，但是几年后，他在苏联开办的铅笔厂成了世界上最大的铅笔厂，到 1926 年年底，铅笔产量达到了 1 亿支，不仅满足了全苏联的需要，而且还出口到其他国家，给他带来了 400 万美元的盈利。

一支 50 戈比的铅笔就让哈默获得了一条生财的信息，可也正是这种有价值的信息，让哈默做出了进军铅笔市场的决策，也使他后来成了“铅笔大王”。

有效的决策能使一家企业发展壮大，不必要的决策则有可能把一家企业拖进深渊。其实，所有的商业机会都会有相对应的信息显示出来，只是很多管理者不能做出正确的决策，那是因为他们对于这些透露出的信息没有好好地把握住，或者根本就不在乎这些信息。但是有效的决策者是不会放过任何一条有价值的信息的，就像哈默一样，买一支铅笔就让他成了“铅笔大王”。

领导要有魄力，做决策时婆妈不得

德鲁克认为，认准的事就要当机立断，不要怕出错而拖延，不要非求皆大欢喜。因为世界上没有十全十美的事情，所以只需追求主体目标的实现即可，这也是管理者在做决策时应该遵循的原则。然而，并不是所有的管理者都能够做到这些，有些领导会事事小心、犹豫不决，从而使良好的机遇从身边逝去。

关于管理者因为魄力不够而使企业遭受损失的问题，德鲁克讲过这样一个故事：

里奇西奥多在洛杉矶郊外经营着一家资产高达 1 亿多美元的工厂，但这个工厂并不是里奇西奥多一手打拼出来的，而是他继承的外祖父的产业。里奇西奥多是一个生性比较温和的人，他从小到大都很少和人发生争执，即便与人发生争执，最后也总是以他的退让宣告结束。因此，在里奇西奥多继承产业的时候，他的外祖父就多次告诫他要有魄力，在经营企业的过程中需要温和，但是不需要软弱，所以你的魄力决定你的事业高度。对于祖父的叮嘱，里奇西奥多认真地去聆听了，却没有认真地去执行，而这就为他的企业后来遭受巨大的损失埋下了“导火索”。

里奇西奥多在继承了外祖父的工厂之后，因为他并没有管理企业的丰富经验，就主要依靠外祖父的得力副手阿瑞萨叔叔来管理企业，而里奇西奥多就像一个学徒一样跟着阿瑞萨叔叔学习如何管理企业。由于里奇西奥多生性较为温和，再加上他对阿瑞萨叔叔非常信任，所以在经营工厂的时候总是按照阿瑞萨叔叔的话去做。久而久之，阿瑞萨叔叔就对年轻的里奇西奥多产生了轻视感，他觉得这个年轻人一无是处，根本不配拥有这个企业，就这样，阿瑞萨叔叔变得骄横起来，工厂内很多重要的决策他根本不和里奇西奥多商量就自己决定。

对于阿瑞萨叔叔的骄横态度，里奇西奥多不但没有多说什么，还总是一味地退让。他心想：阿瑞萨叔叔是跟着外祖父一起打拼的老员工，而且有着丰富的管理经验，我不能去管理他，也不能开除他。正是在里奇西奥多的这种软弱态度的放任之下，阿瑞萨叔叔变得越来越肆无忌惮。由于阿瑞萨叔叔也有一定的股份，因此他的决策总是牺牲大股东的利益而偏向中小股东的利益，这就使得里奇西奥多的股份开始遭到稀释。

在这种情况下，里奇西奥多的朋友们都开始建议他将阿瑞萨叔叔赶出管理层，可是里奇西奥多就是下不了决心，就在他犹豫不决的时候，阿瑞萨叔叔又趁他不注意时将公司的采购业务全部交给了另一家公司，而且签了长达10年的采购合同，而那家供货公司就是阿瑞萨叔叔的妹妹组建的。

此时，里奇西奥多才下定决心将阿瑞萨叔叔清理出管理层，可是为时已晚，这份有猫腻的采购合同导致工厂每年要损失近500万美元，10年就是5000万美元，但由于这份合同完全符合法律规范，管理层也没有办法，不得不履行这份采购合同。

许多的管理者在做很多事情的时候犹豫不决，当断不断，从而令良好的机遇从自己的身边溜走。不错，管理者谨小慎微，固然可以免去一些做错事的可能，但因此而变得优柔寡断则可能会失去许多成功的机遇。俗话说："过了这个村就没有这个店。"优秀的管理者总是善于把握机会，而蹩脚的管理者则总是优柔寡断，错失良机。

另外，如果管理者做出某一决策，事后发现错了，就要立即纠正，即使付出一定的代价也要断掉。就像炒股票、炒外汇，一旦发现入错市，就应立即斩仓，壮士断臂，否则将会越拖越被动，越赔越多，最后输得很惨。

英特尔前CEO安迪·格鲁夫是一个善于在关键时刻做出果断决定的企业管理者。在相当长的一段时间内，由于日本厂商的疯狂攻击，英特尔储存器的业务急剧下降，他们生产出来的产品像小山一样堆积在仓库中无人问津，而由此造成的局面就是企业的资金链出现了问题，英特尔陷入了前所未有的危机当中。幸好，后来总裁安迪·格鲁夫改革了公司的管理方式，创造了一套新的目标式管理方法，支撑住了英特尔的运营，也使得公司业务逐渐又迈入了正轨。

> 安迪·格鲁夫和董事长摩尔讨论公司的困难和发展，他问摩尔："若是你我都下了台，公司新选出一位总裁，你觉得他会采取什么样的行动呢？"摩尔犹豫了一下，说道："也许他会放弃储存器业务吧！"安迪·格鲁夫继续说道："那我们为什么不自己动手呢？"一年后，安迪·格鲁夫提出来新的口号——英特尔，微处理器公司。英特尔也因为这次变革，走出了危机。

安迪·格鲁夫领导了英特尔这次决定生死的大转折。后来，他在向公司解释新的目标和发展时，从高层到中层再到基层，他与每一位员工都耐心沟通交流，让他们明白他的意图，而且，他每天还花两个多小时的时间，给员工发送邮件，做他们的思想工作。最终，安迪·格鲁夫成功了，在1987年的时候，他的头衔变成了CEO，他也成了英特尔名副其实的掌舵人。

安迪·格鲁夫还时常思考这样一个问题：领导人为何常常没有勇气去领导别人？格鲁夫认为，这让人很费解。他渐渐发现，可能是由于领导人必须在同事和员工喋喋不休地争论该走哪条路时，在他们之前做出决定，而这个决定必须果断、明确，并且它的成败需要多年之后才看到成果。可以想象，这无疑需要十足的信心和勇气，对领导人来说，这是一次严峻的考验。

作为领导者，必须有果断决策的品质。所谓果断，是指把经过深思熟虑后的选择，能迅速明确地表达出来。果断，说明了管理者的思想高度集中，是他反应敏锐的体现；他对信息的吸收和消化、对经验的综合和运用、对未来的估计和推测，都能在较短的时间凝聚成明确的指令。

要达到这一点，管理者就必须对事件有迅速做出判断和选择的能力，有敢于对事件的过程和后果负责的精神和魄力。顾虑重重，怕这怕那，“一看、二慢、三通过”的人不可能成为一个优秀的管理者。因为在“看”和“慢”的过程中，在“等”的过程中，可能会产生更多、更大的风险。

美国著名的管理公司——麦克金赛公司，曾经对管理卓有成效的37家公司进行调查，结果表明，获得成功有八个条件，其中一条就是行动要果断，办事要有魄力。如果管理者犹豫不决、模棱两可，就无法动员下属和得到成员的全力支持。只有自己坚定，才能使别人坚定。

许多管理者之所以当断不断是因为害怕冒险，一个成功的管理者，必定是一个爱与风险拼搏的人。管理者不去或不敢承担风险并不等于风险不存在，消极地躲着它是躲不开的。日本企业家松下幸之助说过：“我虽然时时都在不安与动摇中，但我具有能抑制那不安与动摇的一面，征服它们，完成今天的工作，产生明天的新希望，从此找到生活的意义。我这五十多年就是这样度过的。”

德鲁克指出，每当面临一个新的机会，在权衡之时，恐惧便会在管理者的内心里潜滋暗长，出现犹豫不决而造成拖延。虽然这是每一个人都有的心理变化，但如果不趁早加以克服，便将慢慢累积扩大，当它爬满你的心，进而侵蚀你的骨髓时，就回天乏术了。如果管理者怀有维持现状较轻松愉快的观念，则应早日改变，阻止它继续蔓延，并将这种想法完全抛弃，以免到时后悔！

管理者面临决策，要既不仓促决断，又要当机立断。不仓促决断，就是首先要对事情有清楚的了解和明晰的认识，在尚未彻底了解之前，不随随便便就做出决定。但是，一旦了解清楚之后，就应当机立断，绝不犹豫。

群策群力，决策应多听听别人意见

德鲁克认为再平凡的下属也有过人之处，再厉害的管理者也有能力的局限。不同意见的碰撞可以激发出更多的灵感，产生更好、更全面、更完整有效的解决问题的方法。大多数小企业滞后、落伍的往往不是厂房、设备、技术和营销模式，而是企业的管理者暴政独断，打压一切不同意见，大搞“一言堂”。

腾讯做决策的方式是非常理性的，不存在所谓的一人独大，且决策的流程也非常理性。通常，在做一件事的时候，马化腾会第一个提出想法，然后让员工们提出建议，大家会把这些建议收集起来，互相沟通，制定最切实可行的决策。依靠这种方式做出的决策，往往是理性的，也是非常成功的。

> 腾讯的这种民主决策氛围其实从一开始就建立起来了。1998年，腾讯初创时期，马化腾除了让自己对公司有控股权外，这一时期还有另外四个创始人，张志东管研发，包括客户端和服务器；曾李青管市场和运营，主要和电信运营商合作，也外出找一些单子；陈一丹管行政，负责招人和内部审计；许晨晔管对外的一些职能部门，如信息部、对外公关部都属于他的管理范畴，最开始的网站部也在他的管辖范围内。这五人就是腾讯的“五虎将”，也是腾讯的五人决策团队。此时的腾讯，马化腾虽然一股独大，但他并不会绝对控股，这样从一开始就使腾讯的创始人团队形成了民主决策的氛围。随着腾讯的不断壮大，即使发展到万人规模，仍旧保留着这种民主决策的风格。

腾讯五人决策团队的建立，就是为了保持民主决策的氛围，让任何人都不能独断，让任何决策都可以在讨论中进行，最终让集体来决定应该运用什么样的决策，从而保证决策的合理性。

马化腾的集体决策理论是一种明智的企业管理方式。对于企业管理者来说，决策是管理活动中最重要的一步，而要迈好这一步，就要做到合理决策、科学决策、有效决策，而合理、科学、有效的决策不是一个人能制定的，需要依靠集体的力量。然而，在现实生活中，很少有人能够做到这一点。

仔细分析一下，决策失败的主要原因是参与决策的头脑太少。在实际工作中，时常看到的情况是：一个重大的决策通常只由几个甚至一个大脑决定。这种决策方式带来的风险是：由于决策者个人掌握的信息有限，造成决策的严谨性与周密性不强；由于决策者对未来形势的变化估计不足，导致做出了错误的决策假设；由于决策者多数不是一线执行人员，导致决策指导不了操作，缺乏可执行性。这就使得企业在决策的过程中，存在很多误区，这些误区将会使决策驶向错误的航道，从而影响企业的发展。

要想决策正确、合理，就需要了解不同的信息，需要对企业经营中的不同情况进行有效判断，但是任何决策者都不可能掌握全部的信息和资源，所以决策者必须重视别人的意见。尽管某些意见不能被采纳，但至少可以作为决策的参考，即使是那些反对的意见，也可以提醒决策者需要规避决策中的风险。

德鲁克认为，管理者所制定的决策，如果是众口一词的决策，通常不一定是好的决策。好的决策，唯有靠冲突意见的碰撞，唯有靠不同观点的交锋，唯有靠不同判断的抉择，才能建立起来。因此，决策的第一条规则便是：没有反对意见，便没有好的决策。

先认清问题，才能更好地做出决策

美国通用汽车公司管理顾问查尔斯·吉德林有一个认识，人们也称之为吉德林法则：只有先认清楚问题，才能很好地解决问题。而德鲁克也强调，在做任何决策之前都要认真思考，解决的方案是什么，这些方案又需要满足哪些条件，最后再考虑为了这些条件需要做出哪些让步，这样的决策才能够被接受。

可以说，所有的决策都是为了解决问题，是以问题为原点的，不能解决问题的决策就算再好也是无效的，无效的决策就是一种浪费。

奔驰、宝马一直是齐名的两种汽车品牌，这两种汽车还诞生于同一个国家——德国，他们一“出生”就成了竞争对手。

早在 20 世纪 80 年代初期，宝马公司已经从一家小型汽车厂发展成为实力雄厚的汽车公司，公司总裁埃伯哈德此时决定要在未来 10 年使宝马成为德国排名第一的汽车品牌，但这不是一件说到就能做到的事，宝马当时实现这项目标遇到了两个方面的阻力：第一，企业创新能力停滞不前；第二，企业面临着奔驰汽车的有力竞争。

这个时候，宝马还是依靠二十多年前开发出的三个系列的原型发动机占据着市场的一席之地，也就是说，自从 20 世纪 60 年代以来，宝马在创新能力方面没有明显的进步。而就在宝马公司开发创新停滞不前时，奔驰公司却推出了一种小型车，并且在市场上反应良好，这对宝马公司造成了相当大的威胁。为了同奔驰公司相抗衡，宝马公司推出了最新的得意之作——宝马 5 系列车型，但是其在市场上的反应仍不敌奔驰汽车。

为了制定出正确的能够战胜奔驰的决策，埃伯哈德开始寻找问题的关键。他认为，公司业绩不振的最大原因在于：有太多的人因为害怕犯错误而不敢果断地放手去干。找出这一问题是关键之后，他语气坚定地向各部门主管表示，只有抛弃故步自封的心态，公司才能突破停滞不前的难关。为了鼓励员工创新，他还决定对宝马 7 系列车型进行改良。经过几个月的研究，这个系列的新车一经面世，立刻获得了全面的胜利。埃伯哈德说："和奔驰的较量就好似一场长期战争。"在战斗了 17 年零 5 个月之后，宝马公司终于在 1987 年反败为胜，成为德国国内高级轿车的销售冠军。

埃伯哈德之所以能做出这一正确的决策，就是因为他先认清了宝马比不过奔驰的问题在于员工害怕犯错误而不敢果断去创新。认清了这一问题之后，埃伯哈德鼓励员工创新，对车型进行大胆改良，最后赢得了这场胜利。

德鲁克曾说过，有效的决策者往往需要花费很长的时间来思考问题的属性是什么，只有想清楚他所面临的问题是什么，才能在做决策时减少失误和避免错误。埃伯哈德之所以让各部门主管抛弃故步自封的心态，就是因为他认清了宝马落后奔驰的原因就是不敢果断放手去干这一问题。认清了这一问题之后，宝马于是果断出击，制定战略，终于开发出了能战胜奔驰的车型。

美国大陆航空公司成立于1934年，是美国第四、全球第五大航空公司。但是到了20世纪80年代初期，公司的业绩连连下滑，年年亏损。到1995年时，公司有18%的飞行都是负债经营的。即使从得克萨斯州到纽约市的机票价格一度降到了49美元，也仍然没有人坐这一趟飞机。

为了扭转这种局面，公司新任总裁戈登果断地停飞了这些负债飞行的航线。为了找到解决的办法，他仔细地分析了问题的症结在哪里。通过调查得知，公司之所以会卖出49美元的票价，就是因为想以低价来吸引客户，但问题是出售最低价格的机票只是一种下策，并不能使公司的现状发生改变，更不可能让公司成为出类拔萃的航空公司。而为了保持低价，大陆航空不得不采用增加座位的方式和每天无数次地奔波往返于城市之间的方法，但事实证明，这些城市其实并没有这么大的需求，飞的次数越多，亏损越多。

找到问题的症结所在之后，戈登迅速地把飞行航线改为人们想去的地方，砍掉了好几趟不需要往返数次的班机，为公司节省了大笔不必要的开支。同时，戈登还通过调查，减少了一些并不合理的航线，开拓了一些有连锁效应的新航线。后来的事实证明，大陆航空的班次虽然减少了，但赚的钱大大增加了，而且即使将价格适当调高，也并不影响公司的盈利。通过戈登这一系列的提出问题、分析问题、解决问题的过程，大陆航空很快扭亏为盈，成了一家颇有竞争力的航空公司。

不管是埃伯哈德还是戈登，他们都是卓有成效的管理者，他们的成功和他们的决策是分不开的，但是他们的决策之所以正确并行之有效，都是因为他们把认清问题、分析问题作为了决策依据。

德鲁克说过，找出你现在正面对的问题是什么？问题出在哪里？当你找到答案后，你才能全面地分析问题，然后采取有效的决策步骤，只有这样的决策才是最具有针对性、最能快速见效的。

有一双善于发现机会的慧眼，决策才不会失误

德鲁克认为，同样一种东西在不同的人手中，发挥的作用很可能会出现不同，甚至出现的结果是天壤之别的。这其中的差别并不在东西本身，而是牵扯一个人的眼光问题，尤其是在当今全球经济化时代，企业管理者只有具有长远的眼光，看得准机会，决策才不会出错，才能跟上全球经济形式的发展，带领企业员工为企业创造出财富。

德鲁克曾说过，机会具有一个很大的特征，就是隐蔽性。任何人想要抓住机会，都必须具备一双善于发现机会的慧眼。可以说，企业中缺少眼光的管理者，即使机会摆在他的面前，他往往也抓不住。

很多人想要达成财富目标，最主要的一条途径就是创业，但是创业是需要创业者具备眼光发现机会的。因此，如何发现机会就成为人们成

功创业最重要的要素。世界上最有经济头脑的犹太人告诫人们："抓住好东西，无论它多么渺小、微不足道，你也要将它抓住，而不是任由它溜走；而如何看到机会、找到机会，就看你是否具备一双慧眼了。"

在这个信息膨胀、日新月异的年代，企业管理者身边从来不缺少信息，这也考验了管理者是否能从这些凌乱的信息中挖掘到有用的信息，挖掘到能够为自己创造财富的信息。其实，现实中处处充满商机，关键在于企业管理者是否具备能够从信息中提取商机的眼光。

常言道："信息灵，则百业兴。"简单的几个字就道出了信息对企业发展的重要性。因此，企业想要赚到钱并实现高效管理，管理者必须具备一双慧眼以及超强的应变能力，并随时能根据市场的变化做出正确的企业发展策略，如此一来，才能确保企业永远走在市场的前面。然而，很多人缺乏发现信息的意识，往往不经调查，单凭主观臆断盲目创业、生产，或者仿造他人生产的产品，没有一点儿自己的特色，结果在激烈的市场竞争中输得一败涂地。而有些人虽然重视信息，却缺乏眼光，不能掌握信息中透露出来的财富机会，因此做出错误的决策而错失良机。由此而言，企业管理者想要带领企业员工将企业推至行业巨头的位置，必须得具备一双慧眼。

美国钢铁大王卡内基就是一位极具慧眼，并且善于从许多信息中找到最有用财富信息的人。他曾经在报纸上看到过这样一则消息——贝色麦发明了一种炼钢法，这种新创的炼钢法很有可能能够使钢材得到大量提炼。看到这条消息，卡内基立刻意识到这是一次很好的商业机会，因为钢材的大量冶炼将标志着铁作为霸王时代的情形宣告终结，钢材这颗新星将取代它的地位，而谁能最早掌握钢的冶炼方法，最早涉足炼钢行业必然会前途无量。

于是，卡内基没有犹豫，马上叫来他的弟弟，对他说：“我们现在要把所有的资本都抽出来，用来投资创办钢厂。”弟弟一听，有些犹豫，对卡内基说：“哥哥，咱们将资金全部抽出来办钢厂，可能够提炼出钢材的这个消息还没有被证实是真的，如果这样贸然就投进去，万一消息是假的，咱们可就一无所有了。”

卡内基摇摇头说：“不会的，即使这个消息不是真的，不久也一定会有人发明出提高钢材产能的炼钢法的。所以，咱们不仅要将所有的钱投入进去，还要向银行借一笔款。总之，钢厂越大越好。”

建立钢厂，首先要有厂址，而卡内基看中了美国独立战争中位于布拉多克战场附近的一片土地。当那片土地的地主听说是卡内基要购买这片土地兴建厂房时，一夜之间就将每英亩土地由 500 美元硬生生地提到了 2000 美元。看到价钱一夜之间上涨了这么多，卡内基的弟弟犹豫起来，赶紧给卡内基发了一封紧急电报。卡内基收到电报后，立刻到电报局回了一句：“立刻将这片土地买下来，不然明天这块土地会涨到 4000 美元。”果然，卡内基购买布拉多克战场附近土地建厂的消息一经传出，许多商人纷纷到这附近购买土地，兴建商场、工厂，以致布拉多克战场的土地价格也随之水涨船高，最后竟高达每英亩 2 万美元。

卡内基的钢厂办起来后果然一帆风顺，虽然当初钢厂的资金只有 100 万美元，但是钢厂每年的利润高达 200 万美元，随后又涨到 500 万美元、1000 万美元、2000 万美元。总之，那段时间卡内基钢厂的红火程度令许多商人嫉妒，他们纷纷都埋怨自己当初看到那则消息后没有意识到这是一个一本万利的巨大商机。截至1890年，卡内基的钢厂每年的利润已达到了4000万美元。

试想一下，如果卡内基当时看到报纸上的那条信息后没有想到未来钢材将会撼动铁的霸主地位，那么他还会成为美国钢铁大王吗？如果他在做决策的过程中优柔寡断，延长了决定建厂的时间，那么最佳冶炼钢材的时机将会被错过，那么他自然也就无法成为美国钢铁行业的第一人了。显然，正是因为卡内基具有一双慧眼，才让他从一则小小的信息中看到了巨大的财富商机，并抓住了这次机会，一跃成为美国钢材企业的霸主。

从卡内基的案例中可以看出，企业想要实现财富目标，就要求企业管理者首先要具备一双慧眼，因为这样才能利用信息赚钱。信息意味着商机，越早掌握商机的人，赚到的财富自然越多。可以说，现在信息就是这个时代的决定性力量，谁能发现有价值的信息、及时拥有有价值的信息，谁就能永远活跃在市场的前沿，成为商场的领袖。所以，对于那些同样想有所发展的企业来说，其企业管理者必须使自己具备一双慧眼。现实中一些管理者的个人素质虽然千差万别，但只要哪个管理者具备了一双慧眼，能从庞大的信息中发现对企业发展有利的商机并实施有效管理，就有机会实现企业制定的目标。

而在日常的管理工作中，德鲁克也一直强调眼光的重要性。在他看来，管理者是否具有一双慧眼决定着企业未来的发展，更决定着企业实施的管理是否有效。

Part 3

战略管理：领导没有规划，企业就没有未来

根据自身情况，制定切实可行的战略

德鲁克说："战略就是投入今天的资源实现明天的希望，这也是战略的真正意义所在。"企业的希望永远是在明天，所以，在今天就需要想好明天该去的方向，只有在今天认清了自我，根据自身实际情况做好战略规划，才能在明天走向正确的道路。

1997 年，伊莱克斯兼并长沙中意电冰箱厂，开始进入中国冰箱市场，产品锁定高端消费群，随后把其在欧美国家做得非常成功的吸尘器项目也推向中国市场。伊莱克斯作为世界家电业大鳄，其多品牌的经营战略和市场影响力是毋庸置疑的，它在全球每一个角落的扩张几乎都是所向披靡，但是这一次它却以失败而告终。3年之后，伊莱克斯亏损达到6000万元之巨。

尽管伊莱克斯换了很多的管理者，但是业绩仍不见起色，无奈之下，伊莱克斯瑞典总部准备撤出中国市场，就在这时刘小明出现了。刘小明上任后进行一系列大刀阔斧的改革，尤其是在营销策略上推行亲情化营销和向经销商提供高回扣点政策，至2000年，伊莱克斯公司宣布中国业务扭亏为盈。

伊莱克斯结束阵痛没多久，就不满足于只卖冰箱这种单一的经营策略了，它想要像其他的大公司一样，实行多样化经营。于是，伊莱克斯管理层做出决策，开始在中国大举扩张业务。2001年，伊莱克斯借兼并杭州东宝空调杀入空调行业。几乎同时，伊莱克斯在南京又购买了一条生产线，进入洗衣机行业。为了应对频繁的价格战，同年又在南京兼并了伯乐电冰箱厂。此后通过OEM方式，伊莱克斯宣布正式进入厨具行业，加之先期经营的吸尘器等小家电，伊莱克斯在中国全面进入扩张经营时代。

但是扩张带给伊莱克斯的影响也是巨大的，伊莱克斯的冰箱产品在有的城市获得了成功，跃居行业前三名，但这些是伊莱克斯以价格平均下降20%的代价所换来的。除冰箱外，伊莱克斯扩张的其他项目一直没有起色，它的小家电项目自诞生之日起就形同“鸡肋”，至于空调、洗衣机、厨具等项目除在个别城市有一定影响外，一直是不温不火，从来没有进入行业前十名。由于其利润逐年下降，在媒体上的曝光率逐步减少，伊莱克斯的品牌认知率和忠诚度与时俱退，至此，伊莱克斯不得不承认，战略扩张拖累了自己。

战略规划应量力而行，这是人所共知的事实。但是伊莱克斯在取得一点点销售业绩的时候就全力扩张，这大大高估了伊莱克斯品牌在中国的实力，因此，失败也就在所难免。

在企业发展的道路上，时时都会面对许多诱惑，如果管理者没有从企业的自身情况出发，没有长期的发展战略，没有足够的耐力和毅力，而是鼠目寸光、急于求成、轻率行事，这样不但目标难以达到，而且还有可能前功尽弃，付出惨重的代价。

做企业最重要的就是找到适合企业发展的模式。在经商史中，关于企业的模式林林总总，令人眼花缭乱，很多企业家花费了很多时间和精力来寻找适合企业的发展模式，甚至很多企业家在寻找最好的发展模式。其实模式这东西就和人吃饭一样，每个人都有自己的胃口，只有符合自己胃口的食物才是美食，企业也是如此，只有适合企业的模式才是好模式，而不是费时费力寻找最好的模式。

为了让阿里巴巴获得更好的发展，马云经过深入思考创造了独具一格的阿里巴巴模式。阿里巴巴模式看起来比较复杂，神秘莫测，其实说开了，就是一个专门供企业家使用的免费电子公告板。关于企业的赢利模式，马云曾经说过："我觉得中国有很多机会，但是每个人都千万不要去拷贝国外的模式，也不要以国外有没有这样新颖的模式来判断我们中国的好坏。别人没有的，你有了未必是坏事；把美国的模式搬到中国来，不一定能行。人家说阿里巴巴是一个公告板，雅虎是搜索引擎，亚马逊是书店，那又怎样？最好最成功的往往是最简单的，要把简单的东西做好也不容易，阿里巴巴要像阿甘一样简单。"

也就是说，阿里巴巴并没有浪费很多的时间和精力去寻找最好的模式，而是根据国情以及网络发展的现状，结合阿里巴巴的情况找出自己的模式。马云认为，关于赢利模式，只有适合企业的才是最好的。

在过去，尤其是在互联网行业，许多企业都是照搬国际成功公司的模式，在命名上也有着鲜明的模仿痕迹，如“中国的雅虎”“中国的亚马逊”“中国的谷歌”。但阿里巴巴模式并不是模仿国外的成功模式，而是基于现实进行创新的一种全新创业模式和赢利模式。

阿里巴巴的赢利模式曾经在国内引起轩然大波，很多客户觉得看不懂阿里巴巴的商业模式，不知道其挣钱模式是怎样的。关于这一点，马云说他自己也不知道怎么说。当时思科是世界上市值最高的公司，很多企业都在模仿思科的赢利模式，然而马云没有跟风。对比思科的模式，马云一度认为看不懂的模式才是最好的模式。事实证明，只有适合企业的商业模式和赢利模式才是最好的。

马云说，赢利模式就好像在建一幢大楼的根基，事实上，房子不同，根基也会不一样；如果没有考虑企业的现状而盲目追求最好的模式，最终会很难达到乐观的效果。因此，对企业来说，最重要的不是追求最好的模式，也不是模仿其他成功模式，而是根据企业的现实需要，一步步完善符合企业的模式。

对于目标管理，领导者不能缺少有效策略

或许，很多企业都会遇到这样的困惑：制定的目标总不能完成。在德鲁克看来，出现这种情况最根本的原因与管理者有着极其紧密的关联，而用德鲁克的话说就是“管理者缺少对目标管理的有效策略”。

喜欢研究昆虫的人都知道，每次蜜蜂在出去采蜜之前，都会用自己的身体分泌出一种叫蜂蜡的物质，为蜂群建筑蜂房，以保护蜂群不受伤害。也就是说，蜜蜂这样的做法是为了蜂群的安全而且无论多辛苦它们都会坚持，风雨无阻、任劳任怨。因为只有蜂群安全了，蜜蜂才能在这个大家庭里快乐地生活。其实，它们之所以任劳任怨，关键就是它们把为蜂群工作看作为自己工作，把蜂群的事当成自己的事。

在德鲁克看来，作为一名管理者，要有像蜜蜂一样的心态，把公司

的事当作自己的事，而一个员工如果能把公司的事当作自己的事做，那么他就会不断地提升自己的价值，发挥出自己的能力，也使公司制定的目标更容易实现。

查尔斯·施瓦布是美国卡内基钢铁公司的董事长，而他的成功，就源于他能够把公司的事当作自己的事情来做。他曾经对员工这样说道："公司的事就是自己的事，只有这样才能把工作做好，才能取得一定的成功。"一直以来，他都坚持做到把公司的事当作自己的事做，而且时刻思考着企业发展中存在的每个问题。

查尔斯出生的地方是一个很偏僻的村庄，小时候家里非常贫穷，以致他在15岁那年便外出打工，历经许多磨难之后，他来到了钢铁大王卡内基的建筑工地打工。来此打工的第一天，他便下定决心，对工作一定要尽心尽力，认真努力，争取成为最出色的员工。于是，他在工作中积极努力，而且同时他还努力学习各种知识，慢慢地他从建筑工人升为技工，后来又升为技师，再后来成为部门主管、建筑公司总经理、布拉得钢铁厂厂长、卡内基钢铁公司董事长。而这些成绩的取得与他的信念是分不开的——"公司的事就是自己的事"。可以说，正是基于这句话、这个信念，才让查尔斯在卡内基钢铁公司董事长的宝座上一坐就是7年。在第七年里，控制着美国铁路命脉的摩根要与卡内基联合经营钢铁，起初董事长卡内基并未理会他提出的要求，也没有把这件事放在心上。摩根见状便向外界宣称，如果卡内基不同意联合计划，他就会去找当时美国第二大钢铁公司的贝斯列赫姆合作。

这时，卡内基有些坐立不安了，如果他们真的联合起来，那自己的公司就有可能竞争不过他们，从而败在他们手上。于是，着急万分的卡内基找来他最信任的查尔斯，并对他说："你替我去找摩根，和他谈谈合作的事情，带上这份文件，一定要按照上面的要求进行谈判。"查尔斯看了看文件，笑着说道："您把摩根想得太厉害了，之前我对他曾做过调查，他并没有您想象的那般厉害，不会轻易就和贝斯列赫姆联手的。如果按照您开的这些条件，您的利益将会损失很多，而摩根一定会很高兴地接受。"之后，查尔斯就把所掌握的摩根的情况对卡内基一一做了汇报，他们认真细致地分析之后，卡内基感觉查尔斯说得非常正确——自己的确高估了摩根的实力。于是，卡内基把这件重要的事情完全放心地交给查尔斯去处理，因为他相信查尔斯一定会完成得非常漂亮。而结果也在他的意料之内——查尔斯和摩根的谈判进行得很顺利。谈判结束后，查尔斯为卡内基争取到了绝对优势的条件。但摩根感觉自己有些吃亏，于是他用一副高高在上的姿态对查尔斯说："那就这样吧，明天你让卡内基来我办公室签字。"

第二天一大早，来到摩根办公室的人是查尔斯而不是卡内基，摩根一脸吃惊，疑惑地问道："为什么卡内基没有来？"查尔斯说："他让我向您传达一句话：'从第 51 号街到华尔街的距离，与从华尔街到第 51 号街的距离是一样的。'"

每个人都明白这句话的意思，于是摩根在沉默了一会儿后，对查尔斯说："那我过去吧。"虽然久经商场的摩根从未屈尊去过别人的办公室，但这次的对手是一向以公司利益为重的查尔斯，所以他只好舍下老脸俯首屈就了。而查尔斯在挽回公司巨大经济损失的同时，还为公司创造了巨大的利润，并让他的上司卡内基的脸上增添了许多荣耀和光彩。

可以说，现实中有很多这样的管理者：认为自己只是给企业打工的高级打工仔，公司的事与自己无关，即使公司倒闭了自己还可以再去别的公司，继续干自己的工作，拿属于自己的工资。所以，有些管理者就总想着应付工作，能避开的工作绝不插手，而这样的管理者就很难做好管理工作。企业在这样的管理者手中发展，其命运可想而知。

德鲁克强调，如果管理者把公司的事情当成自己的事情，用战略性的眼光看待工作，就知道自己应该怎么做才能让工作更出色，才能更好地解决在工作中遇到的各种问题，才能进一步管理好公司，从而让公司设定的目标得以实现。

在 20 世纪 80 年代，德鲁克在哈佛商学院进行的一堂培训课中，向参加培训的学员讲述了这样一个哲理故事：

意大利东北部城市佩扎罗有一个手艺很出色的木匠，他几乎做了一辈子的木匠活。一天，他找到自己的雇主，并告诉他，自己年纪大了，不想再做这种体力活了，想回家和老伴一起过清静悠闲的生活。虽然雇主见他确实已到了一定的年纪，再干下去也不会支撑多长时间，但他依然请求老木匠在临走前能再建一栋房子。老木匠虽然答应了，但是此时他的工作态度却和以前有了很大的差别——以前的他会全心全意地工作，现在的他在工作中却三心二意，不仅技术有所退步，而且有时候为了图省事，还马虎敷衍。不久，房子完工了。雇主来看房子的时候顺便把房子的钥匙也交给了老木匠，并一脸喜悦地对他说："这所房子送给你了，希望你能住得舒服。"

老木匠闻言一下子惊呆了，因为他无论如何也没有想到事情会是这个样子。如果他早知道这是为自己建的房子，他一定会用自己最精巧的工艺认真对待，绝对不会偷工减料。至此，虽然他后悔不已，但也毫无办法。

从这个故事中我们可以看出，人生就像是一项只有一次机会的工程，一个人做事的态度决定了以后住什么质量的房子，如果你想住在漂亮、牢固、安全的房子里，那就从现在开始，在工作中认真去钉每一颗钉子，仔细放好每一块木板，努力砌好每一面墙。而当一天的工作结束时，要问一问自己，是否为工作付出了全部的精力和智慧。

德鲁克一直认为，管理者在日常的工作中，就应该用富有前瞻性的眼光对待管理工作，并将公司的事情当成自己的事情去做，这样可以最大限度地让企业制定的目标得以实现。

市场在不停变化，管理者不能停留在昨天

管理者必须认定一个真理：这世界上没有不变化的事物，只有一个例外，那就是“变化”。

德鲁克告诉我们，身为管理者一定要记住一个道理——忘记经验比记住经验更加重要。因为只有忘记了经验，才能够跳出以前的固有模式，走出“行为惯性”，才能逃离思维这堵墙，做到真正的突破。

有这样一个故事：

一位贩盐的商人牵着毛驴去买盐。盐买好后，他把盐驮在驴背上。在返回的路上，要经过一座狭窄的石桥，桥下有条小溪流过。商人牵着毛驴，在湿滑的石桥上小心翼翼地走着，毛

驴忽然滑倒，一下子跌进小溪，溪水把它驮的盐溶化之后只留下了几条空口袋还系在鞍上。毛驴身上没有重东西坠着，很容易地上了岸，轻松愉快地继续赶路。

过了不久，商人又赶着毛驴去购货，这次没有买盐而是买了许多棉花。毛驴高高兴兴地出发了，它心想："这口袋真轻，到了那座石桥就会变得更轻了。"不一会儿，他们来到石桥，毛驴这次故意滚到水里去，倒在那儿挣扎，等待驮的东西像上次一样溶化掉。可是，渐渐地，毛驴感到背上的口袋越来越重，而且觉得自己真的站不起来了，它心想："这是什么东西？不对劲儿呀！"于是，它拼命地开始大叫："救命呀！救命呀！"但最后，它也没能再从小溪中走出来。

依靠经验就是依赖以前的传统思维模式，在这种模式下的人往往不会理会环境的改变，依旧会按照以前固有的思维行事。然而，正是以前的成功经验会桎梏住管理者的思维，因为以前总是和现在不同，再照搬模式只能够让企业在竞争中处于不利的地位，导致利润下降。正如法国生物学家贝尔纳所说："妨碍人们创造的最大障碍，并不是未知的东西，而是已知的东西。"

事实上，任何的新概念和新模式都是一时的，随着时代的发展、社会的进步，任何新事物也终将会变为旧事物。

对于吉利集团来说，其战略已经有了几次转型。

1998 年，伴随着第一辆吉利汽车在浙江临海城东下线，"造老百姓买得起的车"也正式成为吉利人的造车理念。在这之前，市场上最便宜的轿车，价格也需十三万元左右，而李书福造的车价格竟然在四五万元，这一低价战略为吉利集团迅速打开了市场。随着市场的壮大，李书福不再仅仅追求低价战略，他还要追求品质，这时候“造老百姓买得起的好车”这一战略应时而出，吉利汽车在市场卖得风生水起。2007年5月，在市场还是一派“暖春”景象时，吉利集团却悄然进行产品的更新换代，从“造老百姓买得起的好车”转型为“造最安全、最节能、最环保的好车”，把企业的核心竞争力从成本优势转向技术优势。吉利集团开始了从“低价战略”向“技术领先、质量可靠、服务满意、全面领先”战略转型，确立了“总体跟随、局部超越、重点突破、招贤纳士、合纵连横、后来居上”的企业发展战略，确立了“造最安全、最节能、最环保的好车，让吉利汽车走遍全世界”的企业使命，确立了“到2015年实现产销200万辆，其中1/2外销”的战略目标。

正是这种战略转型，为吉利集团适应市场需求提供了保证。2008年，吉利实现整车销量二十二万多辆，出口增长79.8%，全年纳税总额超过10亿元。尽管全球汽车市场面临着严峻考验，但是2009年一开年，吉利集团短短两周时间内，销售整车超过1.5万辆，比上一年同期增长40%，国内的四个生产基地全部开足马力，加班加点生产。

百事可乐公司前总裁韦恩·卡拉维说：“只要还没有失败就坚持下去的想法是错误的，在当今经济社会中，知道要失败就要赶快改变战略，否则早晚会完蛋。”其实，不仅要在知道快失败了转变战略，就算在企业如日中天的时候，也要时时抓住机会，转换战略。

索尼公司是横跨数码、生活用品、娱乐领域的世界巨擘，但是它刚成立的时候，并不涉足电子消费品市场，所以后来流行的索尼随身听在当时不知为何物。而索尼公司之所以从刚成立时的通信技术战略转向电子消费品市场，这和晶体管的发明有莫大关系。

1947年，美国贝尔实验室发明了晶体管，尽管当时的美国几大家电制造商都意识到能把晶体管应用到诸如收音机和新品牌电视机等消费电子产品中，但是没有一家制造商付诸行动。10 年后，盛田昭夫在报纸上了解到晶体管的消息后，专程前往美国，考察了贝尔实验室，并且了解了晶体管的制作流程，最后以一个当时认为很荒唐的价格——2.5 万美元，从贝尔实验室买断了晶体管的生产经营许可权。正在美国制造商们讥笑盛田昭夫的时候，两年后，索尼推出了世界上第一台便携式晶体管收音机，重量不及真空管收音机的五分之一，而成本不及三分之一。正是索尼公司的这一发明，3 年后，凭借晶体管收音机，索尼公司占领了美国低端收音机市场，5 年后，索尼公司占领了全球收音机市场。

德鲁克认为，对于一家企业来说，如果没有战略，那么再好的机会也都不能称之为机会。所以，企业要想成为市场的领军者，那么就得根据时势的变化制定自己的战略，因为再好的战略在变化迅捷的时势面前也会显得滞后。

管理者必须认定一个真理：在这个世界上没有不变化的事物，只有一个例外，那就是“变化”。世界上没有永恒不变的理论、规则、战略，正因为“变化”是永恒的，所以只有根据市场的变化去决定企业的战略、流程、关系网、企业文化和管理者的行为方式，才能跳出“行为惯性”“思维惯性”的怪圈。

若是没有行动，再好的也白搭

南怀瑾曾说过一句话：“人类的心理都是一样的，多半爱吹牛，很少见诸事实；理想非常高，要在行动上做出来就很难。”

对多数人而言，生活的确如此，光说不做，这种人生是很可悲的。“只想不做的人只能生产思想垃圾。”布莱克说：“成功是一把梯子，双手插在口袋里的人是爬不上去的。”

有个博览群书的教授与一个目不识丁的文盲相邻而居，虽然两人社会地位和家庭背景不同，但两人的目标是一致的，那就是成为富人。

博学多识的教授每天都跷着二郎腿大谈特谈他那关于致富

的想法，文盲在旁边认认真真地听着，他对教授的学识与智慧十分敬佩，并且开始按照教授所说的致富设想干了起来。

十几年过去了，当初那个潜心听课的文盲成了一个百万富翁，而侃侃而谈的教授却还在空谈他的致富理论。

思想很重要，但如果光有思想而不行动也是不行的。我们的本性不是消极等待而是积极行动，我们不仅因为这种本性对某种特定环境的反应而适应，还能让我们去创造环境。克雷洛夫说：“现实是此岸，理想是彼岸，中间隔着湍急的河流，行动则是架在川上的桥梁。”

人人都有理想，人们对生活的热情也是因理想而增加的，当我们面对考验的时候，理想会让我们去勇敢地面对。因此，我们应当把理想当作基础，然后再加以行动，否则，任何美好的理想都是空谈。

生活中只想不做的人是有很多的。这些人终日沉溺于成功的幻想之中，整日幻想有朝一日成功会变成现实。但事实上，这些人根本不可能实现梦想，原因很简单，整日幻想而不付诸行动，哪里会获得成功。

确定人生的目标是一件很容易的事情，要实现它却是很难的。如果确定了目标而不行动，那么连实现的可能性都不会有。与其冥思苦想，还不如去付诸自己的行动。没有行动，再好的梦想都只是泡影。

其实，只要你积极地去做，难的事情也会变得容易。当你在面对某个问题时，往往会有许多不同的选择，如果你总是犹豫不决，那就必定会造成时间的浪费，甚至错过绝佳的机会。如果你及时采取行动，你会发现做出决定和实施都会变得那样简单。

生活就像骑单车，不能保持前行，就只会得到翻倒在地的结果，所以，工作时也绝对不能把“踩车”的脚停下来。做任何事情都要讲求实效，行动第一，绝不拖延，有了目标后就立马去做。也许你会说自己已经养成了拖延的习惯，不要紧，你可以在工作中慢慢地训练自己严格守时的观念，慢慢地你就会把守时当成一种习惯。

心动不如行动，不去做就永远没有实现的可能。勇敢地迈出第一步，你的成功概率就会大大提高，而如果只想不做，那你就永远都没有实现计划的可能。

德鲁克说，无论多么好的计划，没有实践，那也只不过是一个美好的愿望而已。战略如果要想取得成功，唯一能做的，就是把它转化为行动。

Part 4

创新管理：没有创新的企业，没有未来

唯有创新，企业才能充满活力

在德鲁克的眼里，创新是企业的基本职能之一。对于企业来说，创新是让自己立于市场不败之地的保单。有句诗说得好：“山重水复疑无路，柳暗花明又一村。”有时候，逆向思考一下，没准会有意想不到的转机，换个角度，就能看到不同的天空，视野会和之前完全不同，但这同时也是需要很大的勇气的，需要去接受全新的考验。

28岁的江南春在2001年的时候，身价就已经到了千万元。对于大多数普通人来说，有了这么多的资产后，恐怕就感到很满足，开始挥霍或好好享受生活了，但江南春并不这么想，他满脑子里想的是如何挣更多的钱，如何让企业走向更辉煌的未来。

这年，江南春发现了一个让他激动的事情：公司很多高管或领导，在把车停到地库后，都是乘坐直梯去公司，若是能够在电梯这个狭小的空间中安装上电视机来播放广告，那将会是一个新的商机。

江南春对自己的这个想法很看好，他没有任何犹豫，就把自己的所有身家——两千多万元都投入了这个事业当中，在上海的五十多栋顶级商业楼的电梯中安装液晶显示屏。但万事开头难，这件事也是一样。刚开始，江南春的这种创新模式并没有获得客户的认可，因此愿意掏钱投放广告的金主寥寥无几，在缺少收益的情况下，江南春只能依靠着自己的家底苦苦支撑。

但江南春没有放弃，也没有被困难打倒，他坚信他这一创新的思想会带来改变。他不断地洽谈合作，寻找广告商。终于，8个月后，日本软银认可了江南春的这个项目，进行了投资，随后，高盛、德丰杰等著名风投也相继投入。江南春的这一创新思想的项目终于赢得了投资商和客户的认可。

江南春的这一创新思维，使得他在这一领域成了“霸主”，让他的事业再创新高。其实，生活中能够实现创意的地方无处不在，只看你能否有实现创意的念想。

美国内华达州的拉斯维加斯，是片神奇的土地，这片荒漠上的绿洲吸引了无数的游客前去度假，所以，酒店成了那里的热门产业。

2006年，时年30岁的卡特也很想拥有自己的酒店，但那时的他还没有多少钱，无法修建豪华的星级大酒店。一次偶然的机会，卡特购置了一家大型酒店边的5层楼房，希望能够将这5层楼房打造成他梦想中的酒店。

他为酒店做了精心的装潢，还起了一个很有吸引力的名字，叫“梦幻酒店”，但酒店开张后，一直门庭冷落，很少有顾客光顾。每当卡特看到游客们径直走到旁边的大酒店，连看都不看一眼他的“梦幻酒店”时，就十分难过。

眼看着时间一天一天地过去，可酒店的生意毫无起色，卡特十分焦虑，他心想：再这样下去，早晚要关门大吉。

这天，酒店还是空无一人，心灰意冷的卡特便独自去了附近的一个小村子里散心，在村子里，他遇到了一位老人。卡特便将自己最近的遭遇讲给老人听，老人听完后，就带卡特来到了村子旁边的一个集市上，指着不远处两个卖桃的商贩，对卡特说：“你仔细看，他们有什么不同？”

卡特看到：一个商贩的桃子又大又红，可不管商贩怎么吆喝，他的摊位前买桃子的人就是多不起来；反倒是另一个商贩，没有怎么吆喝，摊位前却有很多人在买桃，卡特注意到这个商贩每卖出一袋桃子，就送一瓶水。

老人对卡特说：“这瓶水是用来洗桃子的。这里缺水，很多人买了桃子，想要吃新鲜的，但找不到水，就只好用手擦拭桃子，可是桃子上的毛刺会让人的手很痒，这个商贩送一瓶水，会让买桃的顾客感到方便很多。”

卡特从老人的话语中得到了启发，他回去后，立刻与一家纯净水公司取得了联系，让他们每天送大量的水到酒店，每当一桌客人吃完饭之后，他就送上两瓶免费的纯净水。久而久之，来卡特店里吃饭、住宿的客人多了起来。

就这样，原本快要倒闭的“梦幻酒店”逐渐壮大起来，不久之后，还兼并了旁边的大型酒店。就这样，卡特利用拉斯维加斯属于沙漠地带，天气干燥缺水的特点，打造了一个免费送水给顾客的活动，不仅让顾客感受到了酒店的人文关怀，解决了喝水的问题，也让企业得到了很好的发展。

看，面对同一个问题，面对同样的市场竞争，如果换一个角度去思考，换一个位置去打算，就会出现截然不同的结果。马云让员工倒立，也是希望员工能够时时刻刻记着，人生不是只有一条出路，有时候，看着是一条死胡同，可没准换个角度去看，就能发现另有出路通向大道。

如今，网络上、书店里教人如何成功的书籍很多，也有一些名人言论非常流行。对于一个企业来说，成功不是人人都可以复制的，比如企业管理、策划、操作、宣传等，都是因人而异。但是，每一个企业的成功都离不开一种完善的经营理念。

理念不是呆板地教你如何操作，而是一个成功企业家的精神修行，这是企业的灵魂所在。马云在清华大学的演讲中说，创新不是要打败对手，不是为更大的名，而是为了社会、客户、明天。“创新不是与对手竞争，而是跟明天竞争”，因为真正的创新一定是基于使命感，这样才能持久地进行。

这一句话道出了一个优秀企业家的经营理念，不是教你降低成本、提高产量、欺诈客户，而是让你从文化上提升自己的品牌，从而拥有更多的追随者。马云小时候就有很大的梦想，想进清华北大；也有很大的使命感，想为国做贡献；但缺乏“创新”的手段，没能考上清华。他说自己不是一流的人才，但是天生我材必有用，人要找到适合自己的成功方法。

他不相信一流的人才，只相信一流的努力。与对手交锋，不要被他艳丽的羽毛所吓倒，人要始终用欣赏的眼光看自己，人要懂得创新，而不是从对手那里获取，然后复制什么。马云做阿里巴巴十多年，让一家小企业成长起来并成为网络巨头，他做的不只是一个企业，还影响了一个行业，甚至影响了全球人的生活方式。

2000 年，江西籍的董克勤怀着一个梦想从国外回来，他想把景德镇的瓷器品牌在全世界打响。但是早在 200 年前，景德镇瓷业生产就开始走下坡路。一直到改革开放，由于体制、观念等原因，景德镇陶瓷工业还是裹足不前，不仅落后于德国、日本等世界制瓷大国，在国内的领先地位也失去了。

董克勤考察了许多小作坊，发现他们的产品做得倒是不粗糙，但是多数是给别人做贴牌，赚到的利润其实很少。那一段时间他也彷徨过，以为做企业就是为了赚钱，于是，他为了能在众多陶瓷企业里生存下去，无奈给宜家做了很多年贴牌。

2005 年，董克勤发明的“哈哈尼”彩色瓷泥的生产方法荣获发明专利金奖。此时，他已经积累了一些资金，突然想起来自己做陶瓷的初衷是什么。赚钱？和别的企业一样吗？当然不是，他想做一个陶瓷的民族品牌。

2006 年，董克勤在北京开了 3 家陶瓷店，开始以“中国制造”给宜家供货。从此，这些精美的陶瓷有了自己的牌子，它们是“中国制造”。董克勤没想到，就是这个大气的名号让他的瓷器蹿红，许多商家慕名来谈合作，“中国制造”迅速誉满全球，成为一个民族品牌，同时，也在向世界证明，中国不是加工车间，中国一直在创造。

企业竞争的核心不是看谁赚得更多，而是看一个企业是否有自身独特的企业价值。如果你愿意为此而打拼，也许更大的成功就摆在你的面前。

竞争是无情的，只有创新，才能让企业充满活力，也是企业在激烈竞争中始终立于不败之地的根本所在。实际上，在竞争激烈的现代社会，企业真正的竞争优势就是新。

在激烈的市场竞争中，一切失败，归根结底也是理念和思想方法的失败，假如管理者能够在理念和思维方式这两个根本上解决问题，则无论竞争对手多么强大，最终也一定能战胜它。

寻找创新源泉，理性承担创新带来的风险

很多企业发展遇到瓶颈，并非因为遭遇资源或者资金的问题，而是由于不懂得创新。德鲁克说过："创新是企业家的具体工具，也就是他们借以利用变化作为开创一种新的实业和一项新的服务的机会和手段……企业家们需要有意识地去寻找创新的源泉……"

德鲁克指出，一个企业应该意识到的最重要的发展阻碍，就是死气沉沉的规章制度。当每个人都遵循规则时，创造力便会受到压制，才华得不到施展，最后的结局只会是消亡。

地球每时每刻都在转动，外界环境时时刻刻都在变化，企业生存的环境有可能突然从正常状态变得不可预期。德鲁克提醒我们：作为管理者，应该在日常工作培训中就赋予这种变化以合理性，处变不惊，习惯

于用多种方式解决问题。有人说创新是企业的灵魂，实际上，创新也是管理者甚至每一个员工长足发展的助力。

邮票是 1840 年由英国人发明的，不过早期的邮票都是连在一起的一大张，邮政人员在出售的时候必须备有裁纸刀，把整张的邮票裁开再卖给需要的人。而寄信人一旦买了整张邮票，用时也要使用小刀裁割，不但麻烦而且不易裁齐，常常造成不必要的损失。

8 年之后的一天，英国发明家亨利·阿察尔在酒吧喝酒的时候，看见身边一个人写完信后，拿出了一大张邮票。可是因为手边没有能够裁邮票的小刀，他只好取下了西服领带上的一枚别针，在邮票之间的空白处连刺了很多排列整齐的小孔，然后轻而易举地把邮票扯开成工整的小张。

阿察尔受到启发，立即开展研究和实验，不久后，邮票打孔机问世了，英国邮政部门闻讯后立即大量购买，打孔机也很快就走向了全世界。

创新常常来自遭遇的困难，像苍蝇一样，碰壁后就转换方向尝试。阿察尔发明打孔机基于解决邮票分割难的问题，也就是说，从问题出发去解决问题，才有可能突破现有的瓶颈。

德鲁克还认为，很多企业和管理者不能创新的原因，不是他们不懂如何在头脑里产生崭新的、创造性的思想，而是他们不知道如何从头脑里淘汰旧观念。

1859 年，纽约的药剂师切泽布罗去宾州新发现的油田参观。参观的时候，他发现工人们在清理油杆上的蜡垢，工人们看上去对这些东西非常厌烦。

他很好奇，不知道这些蜡垢能有什么用。他询问工人们，工人们告诉他，这种东西除了治疗割伤外，基本就没有什么用了。

切泽布罗听完后似乎想到了些什么，于是就带了一些蜡垢回去。

后来，他从蜡垢中提炼出来一种油脂作为药膏，想看看它有没有医疗的效果，为了检验，他把自己当作了第一个实验对象。当时他的手腕正好受了割伤，当他涂上这种药膏后，伤口很快好了。

1870年，切泽布罗建立了世界上第一座制造这种油膏的工厂，他把这种油膏命名为“凡士林”。

德鲁克告诉我们：“创新就是创造一种资源。”很多看似无用的废物，若能改变它们的使用方式，将会达到意想不到的效果，这未免不是一种创新。对于管理者来说，处处都是可以改变的事物，关键在于能不能运用恰当的方式改变它，使之成为一种新资源。

德鲁克认为，市场所倚重的创新被认为是企业发展的持续动力。但许多公司的管理者都未能有效地营造一种促进创新和激励创新的环境，使企业发展停滞不前，要知道企业不发展就等于是在倒退，所以管理者必须具备创新能力。

德鲁克还强调，管理者不可能是最优秀的技术人员，也不会是最精英的营销人才，更不是一呼百应的企业最高领袖，他的工作重点侧重于日常经营的常规性任务。所以，他建议管理者，要懂得什么是自己应该做的，在工作中以创新的思维方式开创新思路和方法，但不能过分追求创新的程度和数量，造成原有业务的瘫痪。要保持合理、适度的创新，这样既活跃了工作程序，又不会浪费太多时间和资源。

同时德鲁克认为，创新也是具有风险性的。创新过程中的风险是由不确定性引起的，例如创新参与者的能力状况的不确定，企业搜集创新资源的能力不确定，将创新资源转化为现实产品的能力不确定，产品销售能力不确定。对于创新本身来说，创新所需技术是否先进、是否能复制、是否复杂、更新的速度如何，都影响着创新结果，而且我们完全不知道创新结果是否符合市场经济规律，是否具备价值，是否能够被消费群体接受。上述的任何一个不确定性的单一出现都会导致创新活动的失败，如果同时出现更是完全否定了整个创新活动。所以，他指出，在创新过程中可能出现大量的风险，这是非常正常的现象。管理者在最初拟订计划的时候就要有可能遭遇失败的准备，并且尽可能地保证创新风险性的降低。

最后，德鲁克给我们这样一个忠告：创新的道路并不会一帆风顺，也不可能一尝试就创造利润，因此管理者要有承担风险的勇气。

创新在于不断探索，没有尝试哪来成功

无论是企业在探索管理模式的过程中，还是企业管理者在寻找目标管理的过程中，德鲁克始终认为，探索是企业在完成目标管理的过程中不可或缺的方法。现代物理学奠基人爱因斯坦曾经说过：“凡在小事上对真理持轻率态度的人，在大事上也是不足信的。”这句话同样一针见血地道出了探索的重要意义，因为只有在“小事”上去孜孜不倦地探索，才能够在“大事”上让自己始终保持一种正确的方向，这样才能够让一个人不会因为忽略了某些细节而导致最终方向的偏差。

在德鲁克看来，企业管理者带领企业发展的过程，其实就是不断探索的过程，而探索的最终目的就是发现问题进而解决困难的过程。只有做到了这一点，企业管理者才能够准确地带领企业寻找到正确的方向。

同样的道理，企业在发展中探索的过程，也是让企业能够始终保持正确方向的最为有效的方法。

拉里·佩奇和谢尔盖·布林就是这样两位探索者。虽然两人在斯坦福大学读书时并不是志同道合的朋友，但两人因为对知识的探索经常聚在一起。只不过需要说明的是，他们只要是聚在一起每次都会吵得不可开交。不过，对于两个勇于创新的学子来说，这并没有伤害到他们之间的友谊，反而使他们在共同面临计算机学里最大的挑战——研究搜索引擎时找到了共同的兴趣点。1996年年初，佩奇和布林开始合作研究了一个名为“BackRub”的搜索引擎，两年后，他们的技术得到了逐步完善，并且开始寻找事业上的合作伙伴。当时，佩奇找到了雅虎的创始人之一戴维·菲洛，经过分析之后，戴维·菲洛感觉他们的研究成果很可靠，便鼓励他们两人去创办公司，谋求自己的发展之路。

对于佩奇和布林来说，本来他们是想找菲洛作为经济上的投资者，尽管当时菲洛没有加入进来，但菲洛的坦诚给他们指明了方向。很快，佩奇和布林就从一位朋友那里租来了一个大车库，然后他们又雇用了第一名员工克雷格·希尔弗斯坦，于是谷歌公司就这样成立了。第二年，尽管他们更换了一个新的办公地点，条件稍稍有所好转，但地方依然显得有些艰苦。当时，8名员工在屋里根本无法转身，只要是有人想出去一下，那么8人就必须同时站起来才能够做到。但正是在这样简陋的办公条件下，他们研究出了众多高新科技项目，比如由塑胶拼图板组成的喷墨打印机等。

谷歌在发展的过程中，很快得到了市场良好的反馈，并开始为美国在线、雅虎等公司的目录索引和搜索引擎提供后台网页查询服务。为了能够将公司做得更好，佩奇和布林这时做出了一个重大的决定——引进人才。

在很多创业公司里，一般都是由创始人担任公司的CEO的，但作为谷歌搜索引擎的发明者——佩奇和布林，由于他们都是技术研究出身，所以对于企业管理方面，可以说两人都是门外汉。于是经过一番考察后，他们决定聘请埃里克·施密特做谷歌的管理者，如此一来，一人抓管理，两人抓技术，使公司得到了快速发展。其实，佩奇和布林的这一举措源于比尔·盖茨——在遭遇了史蒂夫·鲍尔默的拒绝后的第五个年头，为了使微软能够有更长远的发展，盖茨再一次邀请史蒂夫·鲍尔默加入微软（这次，鲍尔默应邀加入了微软），而当时微软已经初具规模。在其后的数年间，微软得到了长足的发展，这是人们有目共睹的。

在企业管理上，佩奇和布林虽然时常出现分歧，但是在面对聘请埃里克·施密特这一问题时他们却取得了一致的意见。

将自己刚刚扶上路的公司交给别人来掌管，这无疑是一种大胆的尝试。对于一个成熟的企业来讲，更换公司的CEO尚且需要全面的考核，更何况是一个正在发展中的小公司。但为了谷歌的发展，佩奇和布林还是果断地做出了这一决定。后来实践也证明，他们为了寻找企业的长足发展所做的选择是对的。因为埃里克·施密特在加盟谷歌时，谷歌仅仅有200名员工，而埃里克·施密特加入谷歌两年后，谷歌的员工就达到了一千多人。这足见佩奇和布林在企业发展的过程中由于大胆尝试而寻找到了正确的方向，从而使企业得到了规模化的发展。

但在后来，这一曾经令佩奇和布林引以为豪的做法，却越来越让他们感觉到对公司的发展是一种制约——随着公司的发展壮大，埃里克·施密特的目光渐渐有些失准，从而导致谷歌错失了很多机会。于是在这种情况下，他们再次对谷歌的未来发起了一场探索之旅——埃里克·施密特不再担任谷歌的CEO，而是负责公司对外合作伙伴和政府合作等事项，同时由佩奇出任谷歌CEO，全权负责公司的日常运营。这次调整的主要原因是谷歌原来一直是由三个人共同做决定，但过程太过缓慢，希望通过此举让谷歌能够及时跟得上市场的步伐和需求。这一决定无论是对谷歌来说，还是对佩奇来说，都意味着一次更为深远的探索之旅的开始。在外界对佩奇的一片质疑声中，佩奇能够始终保持积极探索的精神吗？

从技术研究到公司管理，在不断的探索中佩奇也在悄悄完成着自己身份的转变，当人们在怀疑他是否能够独掌大局时，他却通过对市场的准确掌握，做出了一个令很多人更加意外的举动：谷歌以125亿美元的价格收购了摩托罗拉移动公司。这一消息是佩奇在出任谷歌CEO后的四个多月时对外公布的，佩奇付出如此大的代价是由于来自微软、苹果等公司的专利围剿为公司智能手机的发展带来了压力，并且直接威胁到了安卓（Android），可以说是其生存遭遇的最大挑战。原因是安卓系统已经远远超越了苹果iOS系统，成了全球最大的智能操作系统，这让其竞争对手十分恐慌。正是基于这一点，佩奇才做出了这一决定，125亿美元买下的仅仅是一些专利，安卓系统真的已经远远超越了苹果的iOS系统吗？在众人质疑的目光之下，佩奇却引领着谷歌继续向前探索着。

德鲁克曾说过，在企业管理当中，没有人能够做到永远都不出差错，但作为一名企业的管理者，出现了失误并不可怕，可怕的是自己不能及时发现失误并将其纠正过来。可以说，发现失误，所要倚重的就是不断改进、不断探索，企业管理者只有勇于去尝试，才能够不时地矫正自己出现的失误，从而带领企业始终沿着一条正确的道路前进。

脑子里随便迸发的想法，那个不叫创新

创新虽然是好事，但有时有些领导者盲目地创新，会让企业陷入更大的危机中。因为这些管理者没有明白什么是真正的创新，更不明白创新要适应当今信息化和经济全球化的客观要求。

面对今天这个信息化、经济全球一体化的时代，对于一个企业来说，既有机遇又有挑战。那如何抓住机遇，迎接挑战呢？只有创新，创新，再创新！因为创新是一种能积极改变自己、适应环境的创造能力和应变能力，只有具有创新精神，才能发现新问题，解决新问题，提出新设想，创造新事物。一个管理者要不去创新，那么他的企业就无法生存。

在现实生活中，我们也是随处可见这样的事件。某个大楼搞创新，但盖到一半由于种种原因成了烂尾楼，不仅浪费了资源，还使得企业资

金周转不开，陷入困局。

下面我们来看一个案例：

有这样一家县办企业，主要是生产儿童饮料。这家企业的儿童饮料在当地卖得还算不错，因为价格合适，农村的消费者很喜欢。后来，换了一位新厂长叫李晓亮。李晓亮上任后，发现儿童饮料每年都能赚上几百万元人民币，企业这么几年已经有上亿元的资金了，他准备再开发一个儿童项目。

有一天，他发现儿童保健饮料有很大的市场，便开始招兵买马，准备生产儿童保健饮料。经过两年的努力，儿童保健饮料生产出来了，推销员在推销儿童饮料的同时也卖儿童保健饮料。经过半年的努力，保健饮料没有卖出去多少，儿童饮料也开始滞销了。为什么呢？李晓亮怎么也想不明白，自己为企业开发的创新项目，为什么就没有赚到钱，反而把前面做得好的儿童饮料也变成了滞销品呢？

儿童保健饮料，毕竟含药，药的功效是治病，不属于食品。消费者认为，这家企业生产的饮料可能有问题，要不然为什么搭着保健饮料一起卖。所以儿童保健饮料没有打开销路，连儿童饮料也开始滞销了。

上述案例中，李晓亮这位领导就是没有经过市场调查，盲目创新求变化，企业发展目标也不明确，最终出现了资源浪费无成效的失败结果。

如何才能做出切实可行的创新方案呢？德鲁克给了一个完整的创新过程，大致可以划分为三个阶段，即：发现问题，确立目标；选择突破口，进行规划；创新实践。

发现问题是管理者创新的第一步，首先需要从不满意的地方找出现状或传统做法中存在的问题，这里所说的问题是指实际状态与期望状态之间的差距。与期望状态相比，实际状态表现为落后、保守或差劣，因而，导致企业管理者的不满足感，管理者这种发现问题的意识就是管理创新的力量源泉。

在发现问题、确立创新目标的基础上，就需要选择创新的突破口。创新的突破口即突破常规，创造机遇，找到新招，这就需要创造力的发挥。能够找到新点子，好的创意，就找到了创新突破口。管理者必须牢记一条真理，每个人都可以应用创造力，同时在应用中增强这种有效的能力。

一些管理者有一种错觉，认为高智商就意味着高超的创造力。这并不一定正确。

有些管理者创造力欠缺，这种现象令很多人担心和焦虑，他们认定创造力可能是某种天赋，并非人们普遍具有的本能之一。这一点，可以从研究资料中显示出来。心理学家针对 45 岁的成人进行创造力测验，结果只有 5% 的人被认定为有创造力，接着又对 20 岁至 45 岁之间的成人进行创造力测验，结果竟然也只有 5% 的人被认定为有创造力。这个结果令心理学家们万分沮丧，几乎要判定创造力是特殊人物才具有的能力。

但是，接下来的测验却令人鼓舞，因为在 17 岁的人中被认定为具有创造力的达到了 10% 以上，更令人惊讶的结果是，5 岁儿童中，具有创造力的人竟然高达 90%。这表明，人的创造力是生来就有的，只是随着年岁的增长遭到了抑制而已。有理由认为，就是在抑制状态下，人的创造力也并没有彻底丧失，而是处于隐蔽状态，未曾发挥出来而已。

管理者的创造力受限于他所接受的知识系统、道德系统和价值系统。由于这些系统的纷繁复杂，很多管理者的创造力被隐藏了，从而甚至认为自己没有创造力。殊不知，任何一种系统都是人创造的，所以，你有权利持怀疑态度，而采取全面的创新方式，来拓宽你的发展之路。

有了创新突破口，还要进行创新实践。经得住实践检验的创意，才是切实可行的创新。创新要切实可行，就要充分了解自身优势和劣势，把握住关键问题，采取有针对性的策略，并且要通过创新实践来检验其可行性。创新不能天马行空，而是要建立在科学分析的基础上。

背上昨天的包袱，就永远看不到崭新的明天

当今的许多企业都在倡导创新，并且一直在进行积极的尝试。然而，很多企业一旦取得了一定的创新成果，就会待在原地不再追求上进，而创新也停在了这个地方，企业的发展也停滞不前。

德鲁克指出，这些企业的通病是在追求创新的时候被过去的成功所累，也可以说是被过去的经验所累，而企业要想取得长久的发展，就必须摈弃这一思想。

一个企业的成功不但要有优秀的员工、高效率的团队，更需要不墨守成规、勇于创新的企业管理者。企业管理者要能够高瞻远瞩，很好地把握企业的发展方向，也要能够将企业拧成一股绳，形成一个特别有竞争力的团队。但是，这只是对一个企业管理者最基本的要求。一个优秀

杰出的企业管理者在具备了上述的能力之后，还需要一个特质——不墨守成规，敢于迎接挑战，更要敢于探索，能够打破僵化的思想，拆掉思维这堵“墙”。

众所周知，在企业的经营过程中，各种各样的问题层出不穷。如果企业管理者总是用一个固定的思维看待问题、解决问题，那么他们就很难找准问题的症结所在，很难从根本上解决这些问题，最终导致在决策上失误连连，引发企业的发展危机。而这一切，都是墨守成规惹的祸，所以，每一个企业管理者在管理中都要锻炼出全面开拓性思维，要有创新，更要有创新意识，只有这样才能够让企业进行正常的新陈代谢，获得不错的发展。

有一次，一位著名的建筑师受到邀请，率领他的建筑团队建造一座华丽的宅邸。眼看大厅就要盖屋顶的时候，建筑师突然发现他把需要立在大厅的名贵香樟木柱子设计短了，而且木料已经锯好。这种香樟木价格很高，而且就算是东拼西凑，有钱赔给屋主，也会耽搁工期进度。

建筑师愁眉苦脸地回到家，把这件事告诉了妻子，谁知妻子笑着说道：“亏你还是建筑师呢，这种简单的问题也解决不了。”

建筑师奇怪地问道：“你有什么好办法？”

妻子故弄玄虚：“你说我高不高？”

建筑师回答：“不高，你的身高还不到我肩膀。”

妻子又问：“那我如何才能跟你差不多高呢？”

建筑师答道：“站在台阶上……对啊！”

建筑师恍然大悟，在每根香樟木柱下垫起一块白柱石，既看起来华贵，又成功地解决了木料短缺的问题。

成功的管理者不会将决策浪费在毫无用处的事情上，创新也是一样。德鲁克说过："有效的管理者打算做一项新的业务，一定先删除一项原有的业务。"

很多企业和管理者不能创新的原因，不是他们不懂如何在头脑里产生崭新的、创造性的思想，而是他们不知道如何从头脑里淘汰旧观念。

德鲁克认为，企业在创新的过程中，最忌讳的就是满足于现状，满足于当下的成功。善于创新的企业如同一棵大树，当树枝上硕果累累，产品种类很多，市场反应很好，企业有很大的产值和丰厚的利润，很多企业管理者就会沉醉其中，沾沾自喜，从此丧失了发起下一次冲击的动力。这对企业来说，无疑是一种无形的伤害，长久这样下去，企业发展就会停滞。

德鲁克对企业管理者提出了较高的要求：注重企业的创新，同时不要沉溺于创新带来的成功，要在成功的基础上不断创新。只有时时追求创新，时时讲创新，在创新的基础上寻找更高层次的创新，企业才能一路向前，否则企业早晚都会被淘汰掉。

创新需要智慧，知识最能启迪大脑

在《赢在中国》的比赛中，李书福的表现吸引了很多人的注意，尤其是其言论，让人有一种醍醐灌顶的感觉。很多评委很欣赏李书福的勇气和魄力，李书福说，别人没做，我们更应该做。即使无力回天，也可留下一个时间上的思考。世界上任何一个能够做大、做强、做好的企业，不可能用别人的品牌。我不反对“挪威的森林”，但更好的是，我们要在自己的土地上长出雄伟粗壮的白桦林！也许从书本中我们可以学到所需的知识，但智慧没有那么容易学到，创新是需要大智慧的，而且创新对一个企业来说是至关重要的。

德鲁克认为，知识在于学习，只要肯学习，肯用心，每个人都会成为一个非常有知识的人。但有知识并不代表有智慧，就像古代的赵括，他熟读兵书，军事知识说起来更是滔滔不绝，每个人都佩服他在军事知识上的渊博，然而在长平之战中他却一败涂地。所以说，知识并不等同于智慧。

说到智慧和创新，就不能不提到马云。虽然马云没有海外学习的背景，但他是一个非常有智慧的人。他懂得互联网，懂得中国的用人之道，懂得采取何种商业模式和赢利模式，懂得如何将所学的知识转化为智慧，并通过创新表现出来。观察阿里巴巴不难发现，阿里巴巴的模式在美国、欧洲都找不到现成的榜样，马云也说过阿里巴巴是在智慧基础上的一次创新，是非常简单的，但走出这一步也不容易，是需要启迪的。

马云认为，在商业中模仿一些成功公司，而缺乏独自的创新是一个非常不好的现象。创业者往往会照搬一些大公司的规章制度，当然，大公司的规章制度是比较成熟的，但毕竟属于外来的东西，能否适应创业公司的需要还有待考察。而且大公司的各部门设置比较周全，处事有着严格的一套流程，但创业公司往往不具备这样的条件，如果照搬大公司的做法，那无异于搬起石头砸自己的脚，最终会被一些具有创新精神、走得较快的公司吃掉。马云认为，要创业，就要有创业的智慧。

事实上，模仿也只是表面上比较相似而已，是无法模仿到大公司的文化和灵魂的，甚至会产生南辕北辙的效果。因此，要善于创新，更要根据企业的实际情况来找出适合企业的模式，即使不完美，也能随着企业的发展慢慢完善。

阿里巴巴成立后很快就成为 B2B 领域里的第一，访问量、客户数量都排在第一位。其实，这就是创新取得的成功。德鲁克认为，创业是需要智慧的，具有智慧的企业才能成功，而智慧并不是被动地从书本中得到的，相反，智慧是需要启迪的。否则，即使读万卷书，也无法转化为智慧。

创业要懂得经营管理，懂得制订商业计划，懂得融资，懂得公共关系，而这些都是需要智慧的。保持创业热情是必要的，但也不能头脑发热、冲动行事，那样创业的失败率非常高。每个人创业的意义也许各不相同，但创业的目标是一致的，因此，只有找到了适合创业的方向，才会有成功的那一天。

在现代商业中，最懂得利用智慧并取得巨大成功的要数苹果公司了。可以说，苹果公司是现在所有公司中最具创新性的一家公司。苹果公司的每件产品都会给消费者带来新的惊喜，就连外观包装都体现出创新，而“苹果教父”乔布斯更是一个具有智慧的人物。关于苹果公司名称的来历，还有着一个非常有趣的故事。

发明苹果电脑时，乔布斯还没有大学毕业，那段时间乔布斯开始思考知识和智慧的区别，他认为每天在课堂里被动接受教育，获得的只是知识，而不是智慧。有一天，他读到这么一句话：每个人都是被上帝咬了一口的苹果。被这句话触动，乔布斯决定开始创业，在车库里，他发明了第一台苹果电脑。

乔布斯认为，智慧就是要创造与别人不同的东西。事实上，苹果公司也处处体现出了非凡的智慧，就连公司的口号“Think Different”也是极富智慧的总结。

正是在这种理念的指导下，苹果公司开始进军智能手机市场。苹果手机在开发上市后，很快便占据了智能手机的半壁江山。可以说，苹果的成功离不开创新，也离不开智慧。

德鲁克认为，智慧一般源于客户需要，也就是说，客户的需要能够起到启迪作用。创业者要想明白能为客户做什么，提供什么样的产品，客户为什么需要你这样的产品，这些都是创业的核心问题，也是投资者需要思考的。

马云对此感同身受，他曾说过：“我特别喜欢这两个字，启迪。我觉得现在的教学是灌输知识……现在已经进入知识爆炸时代。我分析为什么我考试考不好，老师讲的东西我永远记不住，优秀的学生是老师讲的他记得很清楚，我觉得是‘启迪’这两个字在起作用。我认为知识是可以灌输的，但是人类的智慧是被启迪、唤醒的。”

Part 5

团队管理：企业犹如一面墙，缺少哪块砖都会坍塌

成功靠的不是一个人，而是一个团队

德鲁克曾经说过：“企业成功靠的是团队，而不是个人。”德鲁克的这句话很明白地告诉我们，任何一个好的企业，都是整个团队的功劳，而非某一个人。斯蒂芬·P. 罗宾斯也说过，军队不可能只靠指挥官一个人冲锋陷阵，管理者也是一样的，一个人的能力再强，也无法获得成功。

不管我们多么崇尚罗宾汉的时代，也不管我们多么渴望电视中的超人变成现实，但事实是现在已经离个人英雄主义的时代越来越远。现在讲求的是合作，只有团队才能成功，也只有团队才能成就个人。比尔·盖茨、沃伦·巴菲特、马云、李彦宏……他们的成就背后是一支具有凝聚力的团队，要不是这些团队，他们也无法取得今天的成就。

一个强大的团队，一个能够让每个员工都能施展才能的团队，才会显得生机盎然。而企业也只有拥有这样的团队，才会显得强大，也才能在竞争中脱颖而出。

曾经，在NBA，“小皇帝”詹姆斯是一个令人瞩目的人物。2010年，相信每个喜欢NBA的朋友都不会忘记那个夏天，也正是在那个夏天，NBA发生了一件大事，詹姆斯和波什同时宣布加盟热火。至此，NBA开启了巨头抱团的时代。

那个夏天，很多人都在猜测詹姆斯会选择哪里成为自己的下一站，尼克斯和公牛是所有媒体猜测的可能性最大的两个地方。因为这两个地方不仅能让詹姆斯有更多的曝光度，而且“钱”途也更加明朗。可詹姆斯最后却选择了降薪和波什共同加盟了迈阿密热火。

当时，最伤心和愤怒的当然就是克利夫兰的球迷，他们一直以为詹姆斯会选择坚守在骑士队，带领他们获得这座城市第一座总冠军奖杯。但詹姆斯最后选择了出走，愤怒的球迷用焚烧詹姆斯的23号球衣来发泄自己的不满。当然，作为一个局外人，对于詹姆斯的选择还是能够理解的。他在这座城市待了7年，总冠军却总是离他遥遥无期，他被人称为“小皇帝”。“小皇帝”的能力是没有人能够质疑的，他是当今联盟的第一人，他配得上一枚总冠军戒指，而詹姆斯也渴望拥有总冠军戒指，拥有属于自己的时代。但骑士队的配备无法令詹姆斯有能力触碰总冠军戒指，他一场场拼尽全力，一场场铩羽而归，他厌倦了失败，他内心对总冠军的渴望也越发强烈，他需要更好的队友帮他实现这个愿望。最终，他投奔了自己最好的朋友——韦德。与韦德、波什组成了震惊联盟的“三巨头”。

詹姆斯在热火的岁月是成功的，在热火，他获得了总冠军戒指，更是成了总冠军的MVP。但是，他觉得自己愧对克利夫兰的球迷，他觉得他应该给这座城市带来一座总冠军奖杯。在2014年的夏天，他高声大喊："我回家了！"他重新回到了克利夫兰，与欧文、勒夫组成了新的"三巨头"，身边有了更好的队友，有了更好的团队，他们经过两年的磨合，在2016年，依靠整体，终于带领骑士队为这座城市获得了一座NBA的总冠军奖杯。

篮球是一项团队运动，没有谁能够一个人支撑起一片天，就算是乔丹，身边也需要皮蓬和罗德曼才能建立起强大的公牛王朝。若是没有身边这些好的帮手，即便是被称作"飞人"，相信乔丹也无法获得那样的成功。所以，NBA最强大的球队，永远是拥有团队的球队，若是没有良好的团队，即便是乔丹、詹姆斯，也一样无法触及总冠军。

对于一个企业来讲，又何尝不是如此呢。德鲁克再三强调，衡量一个企业是否有竞争力，是否能够永续发展，决定因素不是理念有多先进、资金有多雄厚、技术有多过硬，而是企业是否有团队合作精神，尤其是企业的员工是否具有合作意识。有了强有力的团队，那么所有的员工就能拧成一股绳，奋力往前冲。

把公司当成自己的家，像管理者一样做事

德鲁克认为，现实生活中往往有一些人，他们只想享受工作的好处，拒绝承担工作的责任或不愿为工作付出，那么结果只能和自己的目标南辕北辙，永远也无法得到自己想要的成功和幸福。同时，也有这样一群人，他们乐于追求工作的挑战，他们对工作成就感的追求重于对薪水及名誉的关注。

很多员工把公司当成了临时的落脚地，认为自己只是公司的一个过客。这种观念是非常错误的，要知道公司就是你的家，你每天工作就要把自己当成公司的主人。一个优秀的员工，总是把公司当作自己的家，把公司的事当作自己的事，处处维护公司的利益和荣誉，他们不会抱怨，更不会偷奸耍滑，总是勇于承担自己的责任，尽职尽责地做好工作。

我们来看一个关于李开复的事例：

李开复刚进入职场的时候，在苹果公司担任技术工程师。公司在某一段时期内，经营状况极为不佳，员工士气也因此受到打击，如果不能马上找到解决办法，公司甚至有破产的危险。

这些问题本应该是市场部职责范围内的事情，并不在李开复的管辖范围内。但是李开复认为作为苹果公司的一分子，应该主动帮助公司去解决问题，应该把公司的事当成自己的事。

他时刻都在想着这件事情的解决办法，积极地为公司献策，希望通过自己的努力来帮助公司渡过难关。一天，苹果公司有许多很好的多媒体技术被他发现了，可是因为没有用户界面设计领域的专家介入，这些技术便成了廉价的产品。想到这儿，他非常兴奋："这不正是一个问题的突破口吗？"

找到这个关键因素，他立即写了一份题为《如何通过互动式多媒体再现苹果昔日辉煌》的报告。苹果公司副总裁看过报告后，决定采纳李开复的建议，并且非常赞赏他的做法，很快李开复就被提升为媒体部门的总监，最后，苹果公司也平安地度过了这次危机。

多年以后，李开复和一位当年在苹果公司的上司偶遇，上司感慨地说道："如果不是那份报告，公司就不可能有今天的辉煌，今天，苹果公司的数字音乐可以领先市场，你真是功不可没啊！"

任何一个优秀的员工都应该像李开复这样，把公司的事情当作自己的事情。他们在遇到问题时，会以当仁不让的心态，尽快去解决。

德鲁克曾经说过："无论在什么地方工作，都不应把自己只当作公司的一名员工，而应该把自己当成公司的管理者。”在他看来，管理者和员工最大的区别是：管理者会把公司的所有工作都当作自己的事情，全力以赴地去做好。而员工却会把公司的事情当作管理者的事情，且由于他们只是把工作当作一种谋生的手段，所以公司在他们心里几乎没有位置。

以管理者的心态对待工作，是强调积极主动的工作意识，并不是让员工以管理者的标准来要求自己。如果员工真正做到了这一点，将会受益匪浅。德鲁克认为，像那些认为“只要在 8 小时之内做好工作就可以了，下班之后没必要再考虑工作”的员工，一辈子只能做普通的员工，只能永远生活在目前的状况中，永远也不能成为优秀员工。如果一个员工想改变目前的工作与生活状况，就应当自觉地在下班时间多为公司想想，多为公司做些工作。

阿基勃特最初是在美国标准石油公司做一名小职员。他每次出差住旅店时，总有一个别人没有的习惯，那就是在签完自己的名字时，随手写上“每桶 4 美元的标准石油”。他不仅在住店签单上这样写，在其他书信及一些收据上也会这样写，总之就是，每次签名的时候他一定会写上这几个字。于是，时间一长，他的同事都不喊他真名了，直接叫他“每桶 4 美元”，而他也乐于接受这个名字。

公司的董事长知道了此事之后非常惊讶地说：“我们公司竟然有这么一位为公司着想的年轻人，我一定要认识一下他。”于是在董事长的邀请下，阿基勃特与他共进晚餐。董事长问他为什么要这样做时，阿基勃特回答得很直接：“我觉得这样做对公司有利，所以我就去做了。”后来，阿基勃特成了该公司的第二任董事长。

虽然在签名时顺手写上那几个字，并不是什么大事，这也不能对公司的发展起到多大的作用，但是从这件小事中就可以看出，阿基勃特对待工作的态度，他不是以一名普通的员工来对待工作的，而是站在管理者的角度对待工作的。当时，宣传公司并不是阿基勃特分内的职责，但是他为了扩大公司知名度这样做了，而且一做就是几十年。尽管没有人让他做，甚至还有人嘲笑他的愚蠢行为，可是，他仍然执着地坚持了下来，并且最终取得了成功。哪怕是后来成为董事长，他依然保持着“只要对公司有利的事，就一定义不容辞地做好”的态度。可以说，正是因为他用管理者的态度对待工作，所以他才赢得了精彩人生。

德鲁克在日常管理中会一直向员工强调：“当你像上司一样思考时，你就能成为一名上司。”所以，那些把公司当作自己的家，并且全心全意完成任务的员工，最终往往会拥有自己的一番事业。

美国著名的IBM公司，每名员工都有这样的工作态度：我就是公司的主人。这种有效的工作态度来自一次由IBM创始人老托马斯·沃森主持的会议。会议的那天下午，外面阴雨连绵，会场里气氛沉闷。因为产品的销售业绩不佳，市场上存在着一系列的问题，会议持续了整整一下午，这一下午都是托马斯·沃森自己在说话，以致所有人都有些烦躁，都快坐不住了。

托马斯·沃森看到这种情况，突然不说话了，整个会场安静得就连掉一根针也能听见声音。他沉默了一会儿，便对大家说：“在座的各位缺少的就是思考，你们都是靠工作拿薪水的，我们必须把公司的事情当成自己的事情来思考，用心思考，这样才能解决问题。解决了公司的问题就等于解决了个人的问题。”他要求所有人员提建议，一个也不能落下，提不出来就不让回家。这样一来，所有人纷纷提出了自己的建议，以至于这次会议成功地解决了公司存在的一些问题。也是从那时开始，其员工真正树立了“我就是公司的主人”的思想，从而使公司得到了飞速发展。

一个员工若能以管理者的心态对待公司出现的各种问题，为公司出谋划策，为公司全心全意地做事，相信其很快就会升职，或者成为真正的管理者。换个角度来想一下，如果你是管理者，你的手下有两种员工：一种员工只会按照你的吩咐去做事，并且只做自己分内的事，超出他职责之外的事他绝对不会做；而另一种员工则会主动把事情做得非常圆满，还帮助你制订公司的发展计划，为你尽心尽力，把公司的事当成自己的事，以公司管理者的心态对待工作。显而易见，后者无疑会得到你的器重。

在德鲁克看来，管理者的心态都一样——他们希望员工能像自己一样把公司的事当成自己的事去做，也只有这样的员工才能促使公司发展。而对那些每天只想着工作 8 小时，盼着早点下班，到点就走的员工，管理者都不会青睐。因为那些人认为自己做的一切都是为了管理者，与自己没有一点儿关系，无疑，这种人不会全心全意地为公司做事，更不会把公司的事当成自己的事来做，他们也永远不能成为管理者。

如果你能以管理者的心态对待工作，把公司的事情作为自己的一项事业来做，这样你就向成功迈进了一大步，而你最终也会获得属于自己的成功。

统一思想，上下一心才可众志成城

德鲁克认为，企业员工之间的团结，有助于企业从团结中获取一种合力，从而推动企业向前发展。但如果要想形成真正的团结，就要让整个企业员工的思想观与价值观，与企业的思想理念与价值观达到一致，而这就需要员工与员工之间、员工与企业之间达到一种精诚的态度和高度的共识。所以，要想实现企业内部的团结，就必须使企业管理者与员工之间做到精诚——只有做到了“精诚所至”，才能在团结的力量之下达到“金石为开”的目的。

对于企业来说，要想达到企业管理者与员工之间、员工与员工之间的精诚合作，除了彼此要经常交流之外，还有一个不容忽视的因素——企业文化。不可否认的是，企业文化是由企业创办者与历任管理者合力打造出来的，而其一旦在企业中形成，反过来又能影响一代又一代的企业员工与管理者。德鲁克认为，企业文化对员工（包括那些管理者）能产生一种潜移默化的影响，并且这种影响是十分深刻的，所以很多企业都十分注重培养和打造企业与众不同的文化——企业文化是一种氛围，它更加有助于管理者与企业员工之间达成某种思想上的精诚。所以，从某种角度上来讲，企业文化所体现的就是企业价值。

在这方面，惠普公司可以堪称楷模，休利特和帕卡德通过多年的努力，不仅为世人留下了一个可以借鉴的成功企业，同时也留下了令所有企业都值得探讨和学习的宝贵财富——惠普文化或惠普之道。如果从其核心价值出发，无外乎是：热忱对待客户、信任和尊重个人、追求卓越的成就与贡献、注重速度和灵活性、专注有意义的创新、在经营活动中坚持诚实与正直、靠团队精神达到共同目标。

但在德鲁克的眼中，惠普之道所体现出来的，其实就是一种奋发向上、真诚待人、创新与团结的企业管理理念，只不过惠普是从人性的角度出发，以普通人追求梦想为起点，提出的一种极富感染力与号召力的口号。在这种文化背景的影响下，惠普的历任 CEO 尽管为了提升惠普的市场竞争力一直努力地在企业内部进行着各种各样的改革尝试，特别是在 1999 年 7 月销售出身的卡莉·费奥瑞娜成为惠普公司的首席执行官后，为了改变惠普落后的现状而采取了一系列的人员精减与部门撤换与合并，但对于惠普创始人休利特和帕卡德所留下来的惠普之道，这位女 CEO 非但没有在改造惠普的过程中将其删改，反而把当初休利特和帕卡德所倡导的“车库精神”（当初，惠普是在一间车库诞生的，后来，这间车库因此成了“硅谷诞生地”）重新拿出来做广告。

不仅如此，费奥瑞娜在针对惠普各部门的调整中，只要被媒体问及她在惠普实施的改革之举时，她总是会提及惠普创办者所留给惠普的创业精神，甚至还多次在公开场合大谈特谈惠普在创立之初所开发和研究出来的产品及其影响。在费奥瑞娜的这种影响下，惠普的很多中高层包括媒体，都不再对这位年轻的女CEO抱有抵触情绪了，反而极力配合她在惠普实施大刀阔斧的改革之举。而惠普中高层管理者态度的转变，也直接影响了惠普的基层员工，于是在费奥瑞娜高举惠普之道的大旗时，惠普从上到下很快形成了一种合力，那就是让惠普董事局花费很大代价选出来的这位女CEO来扭转惠普不断下滑的业绩。

在德鲁克看来，费奥瑞娜在入主惠普公司后，巧妙地抓住了惠普的企业文化——惠普之道，并且运用创始人所一直倡导的“车库精神”，唤醒了当时惠普公司员工思想里那股精诚的力量。仅仅从这一点看，费奥瑞娜对企业的管理是成功的，因为她通过唤醒员工记忆的方式使全体员工在短时间内达到了精诚合作，而企业团队也出现了少有的团结一心的高涨局面。这也就是说，在企业管理中，费奥瑞娜的这一目标管理是成功的。德鲁克认为，费奥瑞娜在这方面的成功，主要得益于她长期从事销售工作的管理经验，惠普公司在费奥瑞娜入主仅仅半年时间便出现了众志成城的合作局面确属难得。

德鲁克认为，想让企业与员工、员工与员工之间上下一心，众志成城地达成共识，就要做到五个方面的统一：思想、目标、行动、规则、声音。要真正达到这五个统一是非常难的，我们能做的就是不断向统一靠拢。

德鲁克曾经举过这样一个例子：

丹尼尔决定在小学毕业典礼这天穿父亲买给他的新裤子。经过试穿后他发现新裤子长了两寸，吃晚饭的时候丹尼尔把裤子长两寸的事情对一起吃饭的奶奶、妈妈和姑姑说了，大家都表示会帮他剪短。

过了一会儿，大家都回房间睡觉去了。妈妈正要躺下，想起儿子的托付，就起来把儿子明天要穿的新裤子剪掉两寸，缝好、叠好，又放回了原处。姑姑起夜的时候，想到侄子的裤子长两寸，便起床将裤子处理好后才回去睡觉。第二天早上，奶奶起来后，一边做早餐，一边戴上老花镜剪短裤子，缝补边角。

等丹尼尔起床后穿上裤子时，发现裤子短了一大截。没有办法，他只能沮丧地穿上旧裤子参加毕业典礼。

由此我们也可以看到，工作任务的安排固然重要，但在团队中每一个人的想法达成一致之后还要进行及时有效的沟通，决定决策之后应明晰责任，避免发生“短裤子”的悲剧。

有效沟通，让团队协作高效起来

德鲁克认为，企业管理其实就是对员工的管理。这是因为，所有的制度或决策都必须经过员工的执行和落实，所以，企业管理者所要面对的往往并不是什么决策的制定，因为决策一旦制定好了，剩下的便只有执行了。

企业管理者的决策在落实的过程中，其实涉及最重要的环节就是人与人之间的沟通，而沟通又分为有效沟通与无效沟通。表面上看可能双方正在针对某件事情进行交流，实际上却没有融入彼此之间的情感与思想，所以这样的交流是无效的。而有效的沟通可以及时地将人与人之间的思想、信息进行很好的传递，增进彼此之间的情感与信息交流，从而有助于双方形成一种信任的关系。

有效的沟通对于一名企业管理者而言是十分重要的，因为它有助于企业管理者带动企业员工形成一种风气。这是由管理者的身份决定的，因为无论是在企业或组织里，作为领导者总是有一定的带头示范作用，这就要求企业的管理者要主动与员工进行有效的沟通，从而为企业员工树立一种良好的风气，进而使员工与员工之间搞好团结，为打造一支团结的队伍奠定基础。只有一支团结的队伍，才能成为一支所向披靡的战斗团队。

德鲁克的管理理论对通用电气前CEO韦尔奇的影响很深，在他就任通用电气董事长期间，十分注重管理者与员工之间的关系。为了搞好彼此之间的团结，他无论每天的工作有多忙，都要抽出时间来与员工交流，即使是出差在外，他也会通过电话等方式与员工进行沟通与交流。韦尔奇认为，一名企业管理者，必须努力深入每个员工的内心，让他们感觉到企业的管理者对他们的关心与重视，这样更能够充分地调动起员工工作的积极性。在这种管理方式之下，韦尔奇每天除了处理一些必要的公司事务之外，还会经常深入企业的各个部门，这也使得他能够及时地了解到在他对通用实行大裁员的过程中出现的某些失误，并及时地纠正过来。

韦尔奇在执掌通用电气最初的几年间，对企业实施了大幅度的裁员措施，裁减了近1/4的员工，致使超过10万名的员工失了业，他还撤换了企业的一些中高层领导。但韦尔奇在通用所做的这一系列举措竟丝毫没有影响企业员工之间的团结。相反由于韦尔奇通过完善用人制度，唯才是用地提拔了一批优秀的员工作为企业的中坚力量，重塑了员工的价值观和人生观，使得员工的价值观和公司的价值观达成了高度的统一，从而有效地提高了企业员工的向心力，为通用成为行业霸主打下了坚不可摧的基础。

1981 年，韦尔奇在执掌通用电气公司初期，公司的年销售额是 250 亿美元，盈利为 15 亿美元，其市场价值在整个美国的所有上市公司中排名第十位。可是，经过韦尔奇数年在通用电气公司一直推行的目标化管理的改革，到 1999 年为止，通用电气公司的年销售收入实现了预定的 1110 亿美元，在全球排名第五，净利润达到了 107 亿美元，跃居全球第一位，而公司的市值则排在了全球第二位。

德鲁克认为，企业的业绩直接反映的是企业管理者的管理水平。韦尔奇正是用事实验证着德鲁克的理论——在韦尔奇的带领之下，通用电气以全球第二的市值水平达到了全球第一的净利润，意味着韦尔奇用少数的钱赚取到了更多的钱。在韦尔奇的管理下，通用电气的盈利能力有了大幅的提高，这不能不说是韦尔奇的管理之效。当然，不容忽视的一点是，在韦尔奇的管理下，虽然通用电气的资金投入加大了，公司的部门与人员减少了，但员工之间更加团结了，无疑，也正是如此才有了通用电气的高盈利。正如德鲁克所说：“组织的目的在于使平凡的人做出不平凡的事。”

韦尔奇用他一生的实践再一次证明了德鲁克的理论，而在实践德鲁克管理理论的同时，韦尔奇也有了自己独到的见解和对德鲁克理论的延伸。他认为，在一个企业里，一定会有 20% 左右的员工是持有积极向上态度的，有 70% 的员工是处于中间状态的，而有 10% 的员工是态度懒散的。在韦尔奇看来，这是一个处于动态状态的曲线，即其中每个部分的员工人数都是在不断地变化着的。作为一个企业的管理者，他所要做的是，如何才能将这10%态度较差的人变为中间的，而将那70%处于中间状态的人变为积极向上的，那10%最好的员工得到奖励或是提升。这就是所谓的活力曲线，也是团结的力量。

韦尔奇用他一生的实践很好地诠释了“团结就是力量”的含义，而在全球很多好的企业中，这样的例子可以说是比比皆是。德鲁克虽然在他的著作《卓有成效的管理者》中反复强调了要想成为一名卓有成效的管理者就必须注重企业员工之间的团结，但他并没有为管理者提出具体的方法。这是因为他认为，每个人的思维方式有所不同，那么他为了搞好企业内部的团结所采取的方式，并不一定非要按着一个固有的模式去执行。无论运用什么方法，只要能够达到企业内部的高度团结的目的，就能够召唤起员工的力量，打造出一支空前团结的团队。

团队合作无间，企业就有空前的凝聚力

德鲁克曾说：“现代企业不仅仅是管理者和下属的企业，而应该是一个团队。”松下幸之助也曾经说过，管理企业就是管理人。由此可以看出，任何企业要想具有竞争力，最关键的就是——人。身为企业领导，如果只想着自己的成功，只会陷入孤军奋战，最后终将会在竞争中被淘汰，只有做到调动企业中每一个人的才华和能力，做到共同成功，才能使企业立于不败之地。

移动互联网时代，企业获得用户的成本将大大增加，越来越多的企业经营者认为移动互联网将进入“拼爹时代”，没背景、没资源的“草根”创业基本没机会，这让众多看好移动互联网的创业公司和从业者感到畏惧。金山网络（现猎豹移动公司）CEO 傅盛认为，在移动互联网时代，

产品的成功往往取决于其投资人或者母公司，简而言之，移动互联网进入了一个“拼爹时代”。

但是，马化腾并不这样认为，马化腾认为在移动互联网时代，企业跑马圈地拼的是团队。马化腾特别看重团队精神，认为只要有一个优秀的团队，就能打造出颇具竞争力的产品。在移动互联网时代，市场不拼钱，也不拼流量，更多的是在拼团队。为了创建优秀的团队，腾讯一直在人才上蓄力，首先是招来真正的人才，其次是对人才进行培养，培养优秀的管理干部，培养优秀的一线人才。

在马化腾看来，唯有优秀的团队才能打造出优秀的产品，在移动互联网时代更是如此。微信之所以能够取得成功，就是因为有一个出色的团队。

在和众多相似产品的竞争中，微信以其快速、稳定的特点赢得了用户的青睐。这其中起决定作用的是微信团队。微信团队有个核心人物——张小龙，张小龙对移动互联网有独特的理解，也深刻理解人性。在他的带领下，微信团队把“追求技术与自然的本质”当作团队内部信念和文化，在这种信念与文化的支持下，微信团队能在短时间内快速迭代，促使微信不断完善。

微信的成功除了张小龙的出色领导外，还有一支敢于攻坚的团队，微信团队几乎每天都工作到凌晨三点，他们把自己称为“矿工”。每个人在打造微信的过程中，都在积极发挥主观能动性，正是这种团队精神，微信能够在 iOS 版本发布后 3 天，就发布 Android 版本，随后仅过了两天，就发布了 Symbian 版本，并在 2011 年 12 月 21 日，发布了微信 Windows Phone 语音版，仅用了一年的时间，微信团队进行了 4 个平台共 44 次的迭代更新。

从 Web 端产品进入手机端应用，微信团队依靠厚积薄发的技术实力，依靠对用户需求的敏锐感知和准确把握的专业触感，塑造了自身超强的战斗力，这是微信取得成功的原因所在。

就此我们也不难看出，新时代需要的是团队精神，而不是单打独斗。马化腾一直致力于打造优秀的创业团队，不管腾讯发展得有多出色，这种打造优秀团队的信念从来没有动摇过。这主要是因为马化腾深知衡量一个企业是否有竞争力，是否能够永续发展，其决定因素不是理念有多先进、资金有多雄厚、技术有多过硬，而是企业是否有团队合作精神，尤其是企业的员工是否具有合作意识。

团队的力量远远大于一个优秀人才的力量，今天，个人英雄主义高唱凯歌的时代已经一去不复返了，靠个人单打独斗已经无法赢得市场的决胜权，只有依靠团队的力量才能提升企业的整体竞争力。只有你的团队比别人更优秀才能在竞争中取得优势，发挥团队的力量已经成为赢得未来竞争胜利的必备条件。

微软开发 Windows 2000 系统时，有三十多名研发工程师和测试人员参与，写出了五十多万行代码。若是没有高度统一的团队精神，没有所有参与者的密切合作，这项工程根本就不可能完成。

微软公司的很多员工都成了百万富翁，但他们中许多人仍然继续留在微软工作。有些人甚至怀疑这些家财万贯的百万富翁是不是神经有问题。的确，大多数人认为，发财就等于可以不用工作了。但是，事实证明，微软公司的百万富翁们并不那样认为。

若是你知道了微软的工作环境并非那样的舒适和安逸，你就会发现他们的精神是多么的难能可贵了。因为在这里，一周工作 60 个小时是经常的事情，而且到了产品推出前的那几个星期，每周的工作量更是成倍增加。微软公司也并非以高额津贴出名，相反，它以吝啬著称。据微软公司的一位前任副总裁透露，多年以来，董事长比尔·盖茨因公出差时，总是自己开车去机场，而且坐的是经济舱。

那么，是什么神奇的吸引力使这帮百万富翁在获得经济独立后仍然如此卖命地工作呢？答案只有一个，那就是完全超越了自我的团队精神。这种团队精神已经在微软公司落地生根，微软人认为，他们不属于自己，而是从属于“微软”这个团体。

团队的根本功能或作用在于提高组织整体的表现，发扬团队精神的目的在于提高团队的工作业绩，使团队的工作业绩超过成员个人的业绩。而团队精神决定着一个企业的凝聚力和竞争力，每一个人都要主动加强与同事之间的合作，提高自己的团队合作意识。从老板到员工，各个层级的人应该团结一致，只有这样，这个企业的团队精神才最强，才最具竞争力。因此，企业管理者要使每一个员工都融入团队中去，而不是单打独斗。

合作才能发展，合作才能胜利，这是今天很多企业的共识。合作产生的力量不是简单的加法，团队协作的力量要大于每一个人力量的总和。合作是团体的最大优势，成员间的默契配合会使团体发挥出最大的力量。

没有团队精神的企业是缺乏竞争力的，只有具备团队精神的企业，才会形成一种无形的向心力、凝聚力、战斗力和创造力。即便思想理念暂时落后、企业资金暂时紧缺、技术含量暂时过低，但是只要大家心往一处想，劲往一处使，就可以靠集体的力量克服困难，这样的企业会显示出无穷的发展动力。

激发员工使命感，创建攻无不克的团队

在企业管理中，尤其是企业管理者在打造一支团队的过程中，使命感是成就一个卓越团队不可或缺的要素。在德鲁克看来，树立员工的使命感远比培养几名人才更为重要，因为使命感可以让一个人变得成熟、强大，而在强大的使命感的支配下，不仅可以充分调动起企业员工对待工作的高度责任感，还可以激励员工站在企业的高度，从企业的整体利益出发去思考问题，调动起员工工作的积极性。

德鲁克认为，有些优秀的企业管理者在创办企业之初，或许并没有意识到自己会有多大的理想和抱负，可能只是受利益的驱动，一心只想解决生活上的困难，或是由于自己的兴趣爱好进而想通过奋斗实现自己人生的价值，甚至是为了自己心爱的女人而必须让自己出人头地，等等。

然而，无论是出于什么动机，他们还是萌生了创业的动机。不过，仅仅有这种主观上的动机还远远不够，根本无法使企业做强、做大。只有当创业者从无意识的使命感转变为有意识的使命感之后，才能带领企业在市场环境下得到生存和发展。

人人都说："要想成功，梦想最重要。"实际上，使命比梦想更能牵引一个人源源不断地取得进步。梦想可以让我们在艰苦的环境中，心里仍然存在着永不磨灭的希望之火，但真正让我们在艰难中坚守岗位，让我们心怀信念一步一步穿越沙漠靠近绿洲的是使命，是我们对他人、对社会、对梦想基于"我必须努力"的信念。

没有"疯狂"的努力，怎会有卓越的成绩？你对工作有多高的期望，就要准备付出多大的努力。要享受工作的益处和快乐，同时也要准备承担工作的使命、迎接工作的挑战。在太多时候，工作的困难会超出我们的想象，但你也要咬紧牙关，挺过这一关，因为这会让你自己提升得更快、变得更强，这是你人生走向成功的必经之路。

不管你从事的工作多么普通，只要你选择了这份工作，就应该尽全力去完成，并尽自己的最大努力把它完成得最好，让自己成为这个领域的领头羊，这样你才能赢得别人的称赞和认可，才能最大限度地成就自我，让自己获得更多的机会。

贾斯是一个出租汽车司机，但也是一个绝不一样的出租汽车司机。

一天午后，一位顾客从一家餐厅出来，正好坐上了贾斯的出租车，上车后，他告诉贾斯去火车站。这位顾客在外贸协会工作，因为不是什么大单位，建筑也不是太显眼，所以知道的人不多，所以他每次都说是去火车站，免得费力解释半天。

他刚说完，贾斯对他笑着说："你是不是要去外贸协会啊？"

顾客非常吃惊，也非常好奇，便细问贾斯是怎么知道的。贾斯说：“第一，我看到你在餐厅外面是和朋友很随意地道别的，证明你们经常见面，你在本地工作；第二，你没有任何的行李，也没有一点儿出外旅行的神色，而且一脸轻松，足以证明你不是去赶火车的，所以你真正去的地方不可能是火车站；第三，也是最重要的，你手里拿的是一本普通的英文杂志，并且被你随意卷折过，一看就不是重要的公文之类的东西，而是供你自己消磨时间用的。一个把英语杂志作为普通阅读物的人既然不是去火车站，那就一定是去外贸协会啦，火车站附近没有大公司，就只有外贸协会一家单位的人才会这样读英语。”

贾斯侃侃而谈，非常自信，一路聊开来，因为他有自信的本钱，他平均每个月都会比其他出租车司机多赚几千元，因为他每天的行车路线都是根据季节、天气、星期详细计划好的。

比如说，周一和周五的早晨他会先到几个中档住宅区转悠，因为一个星期的第一天和最后一天比较重要，很多公司会在这一天召开周会，所以搭出租车上班的人比较多。上午9点钟左右，该上班的人都上班了，他又会去各大饭店，因为这个点大约刚吃完早餐，出差的人要出去办事了，游玩的人也要出去玩了，而这些人均来自外地，其中部分人可以报销车费，所以搭乘出租车是最多也是最好的选择。

到了中午，午饭前他会去公司云集的大写字楼，这个时间，虽然员工没时间跑太远吃饭，但是经常会有公司中层邀请客户外出就餐，为快捷方便，一般会选择搭出租车。午饭后他又忙着跑餐厅较集中的街区，因为公务餐一般也就是这时候结束。

到了下午3点左右，贾斯一般选择银行附近。公司的财务一般都是在这个点上去银行取钱、汇钱，这些人因带了比平时多的钱也大多不会再去挤公交车，而会选择乘坐较安全的出租车，所以载客的比率也相对较高。而到了下午5点钟，市区开始塞车了，他便去机场、火车站或郊区。到了晚饭后，他又会去生意红火的酒楼，接送那些吃完饭的人，然后自己稍稍休息一下，他再去休闲娱乐场所门口。

凡是坐过贾斯出租车的人都对他印象深刻，不仅因为他公平厚道、从不欺客，更为重要的是他对顾客心理的细致了解。

贾斯无疑是个不一样的司机，甚至可以说是个很有职业水准的出租汽车司机，他是那种有自我实现驱动的人，即使他现在只是一名普通的出租车司机，他也明白自己的使命，并因为这种使命感，使他比其他出租车司机更受欢迎。

因为你觉得身上肩负着使命，所以会全身心地投入其中，因充满使命感而兢兢业业、踏踏实实，这不仅会促使你把工作完成得最好，并且还是保证你持续成功的核心因素。

职场上，“优秀”已经不再具备很强的竞争力，只有“持续优秀”才能让我们所向无敌。当我们给自己设定并不高的目标时，成功并不难；但当我们不断设定更高的目标去挑战自我的时候，成功将越来越困难。要想让自己一直优秀，你就得不断超越以往的成功，去追求更高的目标，这才是真正的挑战。

不管你的能力有多强，信心有多大，成为出类拔萃者肯定需要付出比常人多得多的努力。更重要的是，要去实现更高的目标，仅靠一时的激情和纯粹的金钱驱动是远远不够的，唯一能让你持续奋斗的动力就是使命感！只有秉持坚定的使命感，才能挑战卓越，才能让自己离成功越来越近。

德鲁克认为，一名企业管理者要想建立起一支攻无不克的团队，就必须充分调动起团队中每一名成员的使命感，并且通过引导的方式将其上升到企业的高度，并将这两种使命紧紧地拧在一起，如此才能增强企业的核心力和凝聚力。

在日本的很多大企业里，至今仍然采取终身雇用的用人制度，其目的就是企业想通过这种管理方法，为员工提供工作和生活等方面的保障，以使员工没有“后顾之忧”。也因此，那些受雇于这些日本企业的员工们，在工作中所想的并不是自己通过这个工作可以赚到多少钱，而是如何在企业为自己提供的岗位上实现自己的人生追求和梦想，如何充分体现出自身的价值。比如，在日本一些药企的研发人员，他们的所思所想，并非是新药研发出来之后企业会为此而赚到多少利润，而是考虑一旦这种新药研制成功后，他们和企业会因此而治好多少个有相关疾病的人。日本企业员工身上的这种使命感，实际上已经远远超越了个人的得失与企业的兴衰这种微观意义上的使命感，而是直接将自己的使命上升到了一种社会层面。这就极大程度地调动了员工工作的积极性，从而驱使员工主动且全心全意地做好自己的每一份工作。对企业而言，这其实就等于是拥有了一个个不为了薪酬而努力工作的员工，并且他们不会因为在工作中遇到了什么困难就退缩，反而会为了达到最终的目标更加奋发图强。

所以说，员工身上的使命感，往往会最大限度地激发出每个人身上的潜能，即企业得以向目标管理推进的原动力。由此而言，企业管理者要想建立起一支攻无不克、战无不胜的团队，就必须充分激发和调动起员工的使命感。因为只有这样，才能打造出一个为了共同目标而去共同奋斗的团队，从而推动企业走上一条卓越之路。

员工有发展空间，才会为企业全力以赴

德鲁克认为，在当今的企业中，很多有某方面专长的员工越来越多，而这些员工，相对于物质福利，他们更追求精神上的满足。对于这一类的员工，管理者应该给予更多的关怀和理解，通过交流来了解他们的需求、激励他们的斗志，这样，他们才会更好地服务于公司。

根据调查，现在企业招聘中，大多数应聘者更加看重企业带给他们的发展和空间。而很多员工离职也并非因为工资太低，而是在公司看不到未来，看不到自己提升的空间在哪里。

可以说，员工是一个公司最大的财富，是一个企业核心竞争力的关键。如果员工在企业看不到发展、看不到提升的空间、看不到自己的未来，那公司又如何能够留得住他们呢？因此，开拓员工的发展空间，注重员

工精神方面的需求，是每一个现代企业必须关注的重点。

一天晚上，索尼公司董事长盛田昭夫按惯例走进职工食堂，与员工共进晚餐。这时，他发现一位年轻职员闷闷不乐，似有心事，于是，他便有意识地过去同这位职员碰杯聊天。

不久后，这位职员终于打开话匣子吐起了苦水。进公司前他很崇拜索尼这个企业，并以加入索尼为荣，但进入公司一段时间后才发现，自己不是为索尼干活，而是在为主管科长干活。对于他来说，科长就等于索尼，因为这个科长非常小心眼，总是想方设法限制他与公司高层沟通，生怕他有所作为而影响他的科长交椅，这样的科长令他对前途丧失信心。

盛田昭夫先生当即便感觉这不是个小问题，于是，他决定就此事进行改革。从此，索尼全面执行人尽其才的计划。其办法是，避开部门主管，定期发布内部招聘公告，允许职员自由而且秘密应聘职务，实行能者上庸者下的用人制度。此外，为使人事关系变得和谐，公司还坚持每两年让员工轮换一次岗位。

这些措施大大提升了新人的干劲儿，让他们有了很大的发展空间。有关专家认为，索尼能有今天的业绩，与公司注意为员工拓展发展空间是分不开的。

对于员工来说，发展空间可以满足他们自我实现的需要。美国著名的社会心理学家马斯洛认为，每个人都有五种层次的需要，由低到高依次是生理的需要、安全的需要、社交的需要、尊重的需要以及自我实现的需要。

对于员工来说，他们也有自我实现的需要，即最大限度地发挥个人的能力，实现他们的理想、抱负，体现他们的价值，尤其是在人才竞争异常激烈的今天，更多的员工意识到，个人不发展，能力不提高，可能很快就会失业，甚至被社会淘汰。这就要求企业给他们提供广阔的发展空间，只有有发展空间，他们工作起来才有目标和动力，才能尽最大努力施展自己的才能，不断提高个人的能力，从而实现自己的人生价值。

对于企业来说，给员工提供广阔的发展空间，一方面可以调动员工工作的积极性和热情，可以促使他们不断地学习，提升工作技能和水平，提高工作效率和服务水平，进而促使员工为企业创造更多的财富。另一方面也可以培养企业所需的优秀人才，留住优秀人才。如果看不到发展的前景和进步的希望，员工就会因得不到有效的激励而没有工作的激情，甚至会懈怠，进而思变，另觅高枝，长此以往，人员流失将是一个令企业头疼的难题。试想，让一个持有硕士、博士学位证书的人一直在银行做数钱的出纳工作，而不给予其培训和升职的机会，他会做多久呢？他能坦然面对自己的工作而不思自己的发展前途吗？显然不会的！

正所谓良禽择木而栖，优秀的人才在企业中有发展前景，他们才会有工作的热情，才会愿意留下来，否则，他们会另觅高枝。这样的事情已经屡见不鲜了。

Part 6

人事管理：
21 世纪缺的不是人才，是发现人才的眼睛

人才，是企业最重要的资产

德鲁克说，不管企业经济学的理论多么完善、分析多么到位、工具多么实用，但企业的管理归根到底还是由人的因素决定。其实，管理就是一门与人打交道的学科，怎样才能让人把能动性发挥出来？怎样才能让人变得高效？这都是管理的范畴。

人才是企业发展的根本，是企业发展的推动力量。所以，对于企业来说，最重要的事情莫过于留住人才。现在很多企业都已制定了相应的留住人才的措施，努力提高他们对工作的积极性。

20 世纪 80 年代，可以说是中国企业快速生长的时代。改革开放的春风把许多人送进了创业的大队伍中，一些有卓越才干的企业家迅速崛起，优秀的企业也如雨后春笋般出现，在市场上较着劲儿，一大批房地产企业也在这股浪潮中开始出现，壮大，并不断竞争。对于当时的房地产企业来说，最重要的事情莫过于融资，莫过于获取土地，因为有了土地才能盖房子，但要盖房子就得有资金，所以，很多房地产企业开始疯狂地找资金，疯狂地买地。有管理者认为，房地产事业要发展，土地与资金是最珍贵的，人才居次要地位。然而，当时的王石并不这样认为，他的观点是任何事物都比不上人才珍贵，同时他提出“人才是万科的资本，是万科的核心竞争力”的人才观。

万科始终把这一人才观放在首位，在发展过程中，始终尊重每一位员工，并且积极为他们开展素质培训与技能培训，并出台一系列激励人才的措施。万科始终倡导“每个员工都应该拥有健康丰盛的人生”，始终把人本管理放在最重要的位置，作为领头人，王石始终相信只有具备高素质的人才，才能有高速发展的万科。正是因为具备这样的人才管理理念，万科才留住了更多的人才。

在企业管理中，企业经营者为了留住一些重要岗位上的高级人才，便不断地提高其薪水和待遇，甚至为其配发了股份，希望以此激发人才，使其与企业同呼吸共命运；希望人才能够把企业当作自己的企业，把工作当作自己的事业，能够长久工作，在持之以恒的研究和工作中成就企业所致力的事业。

但结果往往事与愿违，高薪水、好待遇并没有留住更多的人才。这是人才本身出了问题，还是企业在管理上出了问题，抑或是社会出了问题？都不是，其实是领导者自身的用人方式出了问题。

20世纪80年代末发生的一件事情令王石记忆犹新。当时，万科在深圳的经营也算是小有名气，一位朋友的朋友慕名而来找王石取经，在谈完了企业的一些正事之后，这位商人欲言又止地向王石问起了万科的待遇问题。

王石不加隐瞒地把公司高层、中层待遇的数字告诉了这位商人。没想到，对方一脸的不信，还说："得了吧，我又不是税务局的，你不告诉我就算了，说这样的数字，不是糊弄我嘛！"

实际上，在万科成立的前 20 年里，职员以及管理层的薪水在深圳的同类企业之中只是平均水平，后来，万科挖人，也很少开出高价。有些在其他公司成名的高管，到万科就职的时候，薪水比起以前还低了不少，但他们之所以愿意选择万科，是因为他们看重的是一个整体氛围，看重的是和一群互相尊重的人合作。其实，大部分人都愿意工作和进行创造性的工作，只要赋予他们适宜的环境，他们一定能成功。

万科能够留住人才，除了营造很好的工作环境之外，还有两招：

第一，为优秀人才开辟多种晋升渠道。

万科的一位员工说，即使猎头公司给他提供更高薪水的工作，他也不离开万科，因为他在这里看到了一个辉煌的未来。

第二，万科使人感到激励、被认同和关怀。

万科的一位高级管理人员说："万科的价值观念是为员工提供一个最适合他的工作。另外，对于老员工，万科致力于为他们营造和谐的工作环境。"

一位老员工谈道："钱不是最重要的，关键是这里人人平等。我们甚至可以和董事长开玩笑；开晚会的时候，我们还可以'涮'董事长一把。"

1994 年，正好是万科创业十周年，万科特地在深圳仙湖的特大草坪上搞了一个大派对。公司上下的表演活动很多，尤其是把王石、姚牧民、赵晓峰等一众“总字号”人物拿来开“涮”的节目，更让大家笑破肚皮。一提到这个节目，大家都兴高采烈地说：“‘涮’老总可是万科的保留节目啊！”

当有人问王石：“他们给你穿上草裙还丑化得那么厉害，是不是有点过分？”王石半开玩笑半认真地说：“日本一些公司还有专门的出气房呢，里面放的橡皮人，就是被下属职员当作上司来拳打脚踢泄愤的。我比它好多了。”

当晚会将要结束的时候，王石带头和大家一起捡草坪上的垃圾，职员们统一行动，没有偷懒的，不到10分钟，草坪上就干净如初了。

这虽然只是一桩小事，但在1994年，一家企业能够这样自上而下地约束自己，还是很少有的。

企业要想留住人才，现在的情况和以前更有所不同。其实，薪水不一定是吸引人才的最有效的手段，况且国内企业与外资企业相比，薪水上的劣势在短期内是很难拉平的。因此，万科留住人才的方式很值得我们借鉴。

德鲁克认为，左右企业的不是企业家本人，而是企业是否拥有足够的人才。只有具有雄厚的人才储备，才能给企业带来源源不断的生命力。只要人才不失，再大的困难都能挺过去。

用人之长，让每一位员工发挥出优点

德鲁克在《卓有成效的管理者》一书中提出了“卓有成效的管理者”的概念，从此，“卓有成效”成了每一位管理者的梦想。在德鲁克看来，卓有成效是一种可以培养的习惯，是一套可以遵循方法能够练习出来的成果，是每一个人都能够学会的。他指出，要实现卓有成效，管理者必须在五个方面有意识地养成习惯，其中有一点就是“卓有成效的管理者善于利用长处，不仅善于利用他们自己的长处，而且也知道如何利用同事的长处”。

在管理学中，有一条著名的定理——“没有平庸的人，只有平庸的管理”，能够把每一个员工放在合适的岗位上，让他们发挥自身最大的潜能，实现人力资源的有效利用，是管理者的领导水平和管理能力的高度体现。

唐太宗曾让封德彝举荐一些可用之才，但过了很久之后都没有等到封德彝的消息，当唐太宗问他为何这么久都没有举荐人才时，封德彝说因为找不到人才，唐太宗当时就说了一段很有名的话，他说："君子用人如器，各取所长。古之致治者，岂借才于异代乎？正患己不能知，安可诬一世之人！"这段话的意思是君子用人跟用器物一样，应该懂得选用它的长处。古代那些圣贤帝王治理国家，难道都是向别的朝代借用人才来用的吗？我们只能说是自己没有识人的本领，怎么能说这一世就无可用之人呢？

也正是因为唐太宗深知"人尽其才"这一用人之道，才造就了"贞观之治"这样的太平盛世。

同样，在现代社会，"人尽其才，物尽其用"是企业管理的一种较高境界。在企业中，如果一个管理者能够选择适合自己企业发展的人才，并让他们各尽其才，发挥最大的能动作用，企业就能得到长足的发展。

人才不论大才、小才，只要能用到其专长，发挥其优势，扬长避短，就能发挥人才的最大功能。而能把每位员工的长处都发挥出来，这样的管理怎么会没有成效呢？

美国克莱斯勒汽车公司是美国三大汽车公司之一，也是世界上有名的汽车公司，但是在 20 世纪 70 年代中期，却处在了破产的边缘，债台高筑、信誉下降、产品积压如山。

克莱斯勒由一家兴旺发达的企业变成一家债台高筑的企业，这其中到底发生了什么呢？其实，主要原因就出在林恩·汤森身上。汤森本是一位财务专家，克莱斯勒汽车公司赏识他的才干，于是决策者们就把他吸纳到克莱斯勒公司工作，并于20世纪60年代中期把公司的总经理职务授予了他，到了20世纪70年代初，还任命他为公司总裁。

不能否认，汤森在财务方面有过人的能力，自从他进入克莱斯勒公司之后，对财务的计算可谓是滴水不漏，绝不会出差错，但同时他也有着只算眼前数字和利益的思维习惯，缺乏长远的眼光。他强调的往往是要重视下一季度的利润，把长远发展计划摆在次要位置。本来克莱斯勒公司认定他有驾驭全局的能力，可事实上并非如此，他做总裁后做出了许多失误的决策，使公司失去了一次又一次的商机，造成了一次又一次的经营亏损。到1975年公司增亏2.59亿美元，使克莱斯勒公司迫近倒闭的边缘。1976年，林恩·汤森被迫下台。

1980年，艾柯卡接手美国克莱斯勒汽车公司董事长之职，当时的克莱斯勒公司已濒临倒闭，可是不久之后，艾柯卡就使公司起死回生，随后他又创造了一个又一个奇迹。诚然，艾柯卡奇迹的创造有赖于他出色的管理才能、丰富的实践经验，但同时也与他善于用人和用人所长有着密不可分的关系。

事实上，财务管理对于任何一个公司来说都是非常重要的，对于刚接手克莱斯勒的艾柯卡来说，更是如此。而刚一上任的艾柯卡看到的是一个财务账目混乱、亏损十分严重的公司，他必须尽快扭转这种局面，否则公司就会陷入更大的危机之中。因此，艾柯卡聘请了享有“当家理财的一把好手”美誉的史蒂夫·米勒，结果，米勒仅仅用了几个月的时间便把原本至少要一年时间才能理清的乱摊子理清了。

艾柯卡在聘用人才时，不论年龄大小，只要具有某一方面的特长，他就会“挖”到克莱斯勒的旗下。原福特公司副总裁，65岁的保罗·伯格莫泽，本已赋闲在家，却被艾柯卡起用出山，担任克莱斯勒公司的总经理。艾柯卡“量取”的是他在经营管理上的丰富经验。

产品想要占领市场，必须不断地创新。克莱斯勒的哈尔·斯伯利奇就是一个推陈出新的高手。他在汽车样式上是个行家，什么样的顾客需要什么样式的汽车、汽车样式在未来几年的发展趋势等，他都颇有研究。而艾柯卡也正是看中了斯伯利奇的这种善于创新的才能，才委以重任的。

其实，克莱斯勒公司之所以会陷入这样的困境中，最主要的原因就是公司的管理出了问题，公司没有用人所长，汤森的长处是财务管理，而经营管理却是他的弱项。克莱斯勒公司让他去担任总裁之职，这恰好是汤森不擅长的，让一个缺乏某方面天赋的人去做这方面的工作，只会给公司带来灾难。而艾柯卡则懂得重用他人所长，这样就使得很多人在克莱斯勒公司都发挥出了自己的特长，为公司的发展贡献了自己的才华。

汉高祖刘邦在分析自己为什么能得天下而项羽为什么会失天下时说：“运筹帷幄之中，决胜千里之外，我不如张良；治理国家，安抚百姓，调集军粮，使运输军粮的道路畅通无阻，我不如萧何；联络百万大军，战必胜，攻必取，我不如韩信。此三人皆人杰也，我能用之，这就是我能得天下的原因。”

纵观克莱斯勒汽车公司之所以会失败，刘邦之所以会成功，都是因为用人，试想，把一个员工放置在不能发挥其长处的职位上，他的工作怎么会有效率可言呢？这样的管理怎么能变得卓有成效？

德鲁克在《德鲁克日志》中说：“卓有成效的管理者利用员工的长处创造生产力，他根据员工所能处理的事情来安排岗位和晋升，并不是去缩小他们的缺点，而是使他们的优势最大化。”因此，德鲁克倡导在管理中建立这样的一种组织方式：“若某人在某一重要领域具有一技之长，就要让他充分发挥这一特长。”只有这样，管理者才能发现人才，敢用人才，而且留得住人才，进而让管理也变得卓有成效起来。

留得住人才，企业方可显得生机勃勃

在社会发展广阔而多元的今天，在竞争已经白热化的商场中，人才流失风暴愈演愈烈。特别是对中小企业而言，优秀人才的频繁离职会给企业带来不可避免的经济损失，企业生产经营核心技术的外泄也会使企业运转陷入困境，不仅如此，离职人员的“示范”行为还会造成其他员工的心理动荡，削弱了企业的向心力和凝聚力。

“欲造物，先造人”，企业更是离不开人。德鲁克认为，对企业管理而言，最重要的人力资源工作就是留住企业的优秀人才。吸引和留住自己的员工，防止人才流失，企业要做的不是仅仅针对某一个人才进行个案管理，而是将问题提升到组织战略的高度，充分认识到人才流失给企业经营带来的巨大风险，建立一整套针对人才流失的危机管理机制，从而避免优秀人才流失可能给企业带来的巨大损失。

2005 年 8 月，“热恋”了 7 年的雅虎和阿里巴巴终于决定在 11 日这一天联姻。阿里巴巴在成功接收了雅虎中国全部资产的同时，还得到了对方 10 亿美元的现金投资。

当马云带着并购成功的巨大喜悦走进位于北京的雅虎中国时，此起彼伏的电话声却给了他当头一棒，所有的猎头公司像商量好了一样，将目光都聚焦在雅虎中国，他们帮着各种各样的公司来挖人。那一段时间，几乎每一名雅虎中国的员工都接到了猎头公司的电话，有的员工甚至一天之内接到好几家猎头公司的电话。猎头公司的频繁出没一时之间让军心不稳的雅虎中国人心惶惶。

面对这个艰难的挑战，马云不断找来雅虎中国的管理层进行谈话，还跟公司的普通员工进行及时有效的沟通，向他们描述了新雅虎的未来。与此同时，马云还火速调来了远在杭州的阿里巴巴人力资源副总裁邓康明，共同制定出人员调整政策：每一位雅虎中国的员工有一个月的思考时间，员工可以自主决定去留。对选择离开的员工，公司会给予丰厚的补偿，并提供“N（在职年限）+1”个月的离职补偿金；而留下来的员工，不仅原来的待遇和职位不变甚至提升，还会得到一定的阿里巴巴期权。

一个月后，七百多位雅虎中国的员工只有 30 人选择了离开，高级管理层全部留下，整个公司的离职率仅为 4%。而在全球，企业之间发生并购时，人才流失率通常在 20% 左右。

在阿里巴巴和雅虎中国完成合并之后的人才保卫战中，马云再一次用他的智慧和理念赢得了胜利。

在一个企业中，只有与员工荣辱与共的领导者才能得到员工的拥护和爱戴，这样企业也才能发展得更长远。领导者往往扮演着激发员工潜力、协助员工释放能量的角色，要想成功完成这个任务，就必须把“以人为本”贯彻到底。这不是一句空话，而是切切实实的忠告。把你工作的焦点放在员工身上，设身处地地为他们着想，了解他们的期望、观点、价值观等，你才能获得对方的支持，才能让员工为你尽心尽责地工作，才能实现企业发展与员工发展的双赢。

钢铁大王安德鲁·卡内基说：“带走我的员工，把我的工厂留下，不久后工厂就会长满杂草；拿走我的工厂，把我的员工留下，不久后我们就会有一个更好的局面。”可见人才对于一家企业的重要性。德鲁克说，在任何组织内，最稀有的资源当然是第一流人才。现在的竞争归根结底也是人才的竞争，谁能吸引并留住人才，谁就是“战场”上的胜利者，谁就能笑到最后。

上文我们说到了克莱斯勒的艾柯卡，他在 1984 年带领着克莱斯勒公司盈利 24 亿美元，打破了公司历年纪录的总和。离开福特公司仅仅 6 年，他又登上商界巅峰。

艾柯卡是位非常重视人才的管理者，他说：“一切企业经营归根到底就是三个词：人才、产品和利润。没有了人才，后两者都无法实现。我在设法寻求那些有劲头的人，那些人不需要太多，有 25 个我就足以管好美国政府，而在克莱斯勒我大约有 12 个这样的人。”

正是凭借这些人才，艾柯卡才能带领克莱斯勒汽车公司重新崛起。是什么让艾柯卡吸引并留住这样的一流人才呢？关键就在于他知人善任。

首先，他善于了解部下的心理，并且采用部属的语言和他们交谈。他说：“使用听众自己的语言同他们讲话是重要的，这件事如果做得好，他们就会说，‘他说的就是我想的’。他们一旦开始尊重你，就会跟你到底。

他们跟随你的原因不是你有什么神秘的方法，而是你在跟随他们的想法。”

其次，他让每一个下属都有机会表达自己的想法，并且他习惯于在与下属交谈后，让对方将所说的意见写成书面文字，使这些想法具体化，以弥补口头交谈的缺陷，防止自己只是被他们的想法打动而采纳了不成熟或者不切实际的意见。

此外，艾柯卡还会采用不同的形式来表扬或批评一个人。在表扬的时候，他会采用书面形式，因为书面形式是能长久保存的。但是当他批评一个人的时候，他就会采用电话的形式，因为在电话里说过之后就能忘掉，并且打电话也只在两人之间进行，这样就不会让下属太难堪。这种不同的形式，也极大地调动了员工的积极性。

正是这种对人才的重视与吸引力，在艾柯卡被迫离开福特到克莱斯勒汽车公司任总经理时，这批人又纷纷涌向克莱斯勒，他们放弃了福特的优厚待遇，谢绝了福特的一再挽留，而甘愿和艾柯卡一起冒风险，可见艾柯卡的用人艺术产生了多大的魔力。

人才是第一生产力，能不能吸引并留住优秀的人才，已经成为企业发展的关键因素，所以德鲁克说：“没有任何决策所造成的影响和后果比人事决策更有影响。”

不拘一格降人才，让每个员工都成为将军

当前很多企业都十分注重人才的引进，而且为了得到人才，很多公司都不惜花费重金从各地引进相关人才，这也造就了高端经理人的抢手。德鲁克认为，在这方面，日本的很多企业不会过多地去参考员工过去的工作经历或是他所经历过的任何培训，而是会根据员工的能力，以及员工在企业里的实际表现给其安排相关工作。比如，日本的很多企业都会在没经过任何培训的情况下，将一个工程师升为人事经理，或者是突然让一名销售经理去做会计主管。

日本企业的这种不拘一格用人才的方式，其所体现出来的是企业管理者在用人制度上的大胆。当下，日本的许多企业都依然实行着年功序列工资制，即很多企业都会按照员工的学历以及工龄的长短来计算工资。

他们在对人才的综合考量上，均是按照员工的能力、学历以及他们在本企业里工作的年数为参照（员工之前在其他企业的工作年数和经历不被计算在内）。在这种制度之下，很多员工大多都是从一入职到退休一直都在同一个企业里工作。日本企业这种挽留人才的制度从另一个角度讲，也无形之中增强了企业对员工的吸引力，使员工的责任心和上进心得到了有效提高。如此一来，很多员工都能够专心服务于企业，而同时企业管理者在选拔人才的大胆上又给员工提供了很多锻炼的机会。

针对此，德鲁克指出，日本企业的这种管理人才的制度固然有其积极的一面，能够让员工稳定地服务于本企业，避免了人才流动过快所造成的人才缺失，使企业员工拥有了很好的团队合作精神，但这也很容易造成员工工资与其劳动数量和质量上的脱节。然而，在这种用人体系之下，则更加有利于企业对员工的培养，尤其是那些有潜质但缺少工作经验的员工，在一个人才从普通员工逐渐走向将军的路上，日本企业给很多国家的企业都做出了典范。

东京帝国饭店是日本一家层数不高的豪华酒店，尽管在后来被拆除了，但其当年曾经精心培养出来的人才如今依然活跃在日本的各个行业里。野田圣子就是其中一个。

1983 年，从上智大学外国语系比较文化专业毕业后的野田圣子经过一番选择后，最终决定去东京帝国饭店工作，因为在当时，东京帝国饭店正处于最辉煌的时期。其实，对野田圣子所学的专业而言，她应该被分配去做一名办公室文员，可是她怎么也不会想到，竟然被分到了清洁部，更让她没想到的是，她竟然又被清洁部分去清洁厕所。虽然野田圣子暗暗发誓：无论是做什么，自己都一定要走好人生的第一步，可工作了一天之后，她就坚持不住了。因为东京帝国饭店属于日本高级的豪华酒店，接待的都是国际上有身份的客人，所以厕所每天都要清洗得十分光洁，只要上司检查说不合格，负责的小组长就会命令她去重新清洗。在如此反复一种工作的情况下，野田圣子很快便失去了信心，她可以忍受这种体力上的高强度付出，但是如此反复地去清洁厕所，总是让她感到胃里隐隐作呕，心理上也很难接受。

据野田圣子回忆，那时的她几乎恨不得立刻就辞掉这份工作，可是心里又总有些不甘心，就在她心里充满了矛盾之际发生了一件事，对她的触动很大。当时，野田圣子正呆立在厕所里，酒店的一位老员工忽然出现在了她面前，二话不说拿起清洁马桶的工具，当着野田圣子的面演示了一遍擦洗马桶的整个流程，并且一遍又一遍地重复着这一套擦洗的流程。当马桶被清洗得光洁如镜时，这位老员工竟然从马桶里舀出一杯水，一口喝了下去。做完这一切后，老员工就离开了，而惊呆了的野田圣子之后便暗暗下了决心：别人能做到的，我一定也能做到。从那以后，野田圣子的心里便多了一分责任心，有新员工来后她就以那位老员工的方法去带他们，从工作中还感受到了一种快乐。不久后，她便被调去做了前台的接待，后来又被破例提拔到东京帝国酒店的国际销售部做了一名部员，成了东京帝国酒店有史以来唯一的一位女性国际销售部的部员、部长。直到这时，她才明白，在她刚刚进入酒店工作时，鉴于她在大学里的学习成绩和专业，人事部门其实从一开始就想把她作为一名骨干来培养了。只不过，野田圣子那时一点儿工作经验都没有，为了完成她从普通员工到将军的华丽转身，人事部门才有意安排了那位老员工的出现，其目的就是给野田圣子一个激励，因为他们相信，只要是人才就不会轻易言败，如果连清洗马桶的工作都做不好，这个人也就根本无法胜任其他工作了。

在东京帝国饭店这种发现人才和培养人才方式的激励之下，野田圣子最终成了该酒店的中坚力量。而野田圣子在进入该酒店不到两年的时间里便完成了自己从普通员工到将军的转变，这也不能不说是东京帝国饭店的管理者努力培养的结果。

可以说，正是在东京帝国饭店的这段人生经历，成就了野田圣子对待工作的上进心、责任心和事业心，也让她后来的人生道路越走越宽广，她从后来的县议员一直做到了日本内阁的消费者担当大臣。

德鲁克曾经说过，一个企业的发展，既取决于这个企业所拥有人才的数量和质量，同时更取决于企业对人才的使用效率。这句话，无疑是给那些不注重在企业内为自己培养人才的管理者们敲响了警钟。

信任你看中的人才，授权让他放手干

德鲁克认为，当企业有了十分得力的干将和人才后，信任才是能将他们的才能发挥到极致的因素。将适合下属的机会、岗位、职责留给最有能力的人，这是卓越管理者的“卓越”表现。

在现代企业管理生活中，常常出现这样的情况：部门经理授权部下做一个方案，但部下刚做到一半，经理就打电话来追问案子的进程，所有的细节都要过问，并提出各种建议和要求。这样的行为是企业管理中最不得人心的恶习，不仅大大降低了员工做事的积极性，还恶化了经理和部下的关系，很多员工不是消极怠工，就是一走了之，更不用提团队氛围和工作效率了，结果往往两败俱伤。这时，聪明的管理者不妨退一步，效法道家无为而治的管理哲学。

贝尔实验室是发明世界第一部电话机、设计第一颗通信卫星的研究机构。该实验室负责人是美籍华人陈煜耀博士，有人曾经问他是如何管理实验室中头脑聪明、个性独立的下属的。陈煜耀指着他办公室墙上挂着的一张条幅说："凭这个。"这张条幅上面写着四个字：无为而治。陈博士解释道："最好的管理者是能帮助人，让人感到不需要他。管理者的责任要做到你在管理，又要做到别人并没有意识到你在管理。"

惠普中国公司原副总裁吴建中先生说："对员工一定要相信他、尊重他，给他创造好的条件去帮助他们成功。经理的责任是帮助员工成功，如果经理用权力欺压员工，就不是经理而是工头。经理不能让自己手下的员工不断失败，不能不断炒员工的鱿鱼，反之，这家公司就不是一个好公司。"

授权以后的充分信任等于给了下属一个平台，一个机会，一个广阔的施展抱负的空间。授权以后的充分信任对于管理者自身也有莫大的好处：把事情简单化，有充裕的时间去思考重大决策问题。既然下属完全能够处理得好，领导又何乐而不为呢？

越是有才华的员工，越期望能够受到管理者的重视，能够被企业所重用，授权是管理者对优秀员工最大的认可。但人的等待也是有限度的，如果员工一直得不到管理者对自己能力的认可，得不到管理者的一些实质性的表示，他们就不会再寄希望于管理者了。因此，管理者若是欣赏员工的才华，想要授权给员工，应当要把握好良机。

李晓是一家百货公司的总经理，由于这家百货公司销售部的经理已经离职，所以暂由李晓兼任。李晓发现，在销售部中有一位员工表现非常突出，每个月的销售业绩都远远地超过了其他员工，并且他在关键时刻还总能提出好建议，组织其他员工一起做好各项销售活动。

李晓想要提拔这位员工，但又有些不放心，于是这事就一直被耽搁着。结果，三个月后，这位员工辞职去了另一家百货公司，李晓后悔莫及，他不仅错失了给员工授权的良机，还失去了一个难得的人才。

管理者在授权时犹豫不决，不能当机立断地在最佳时机将权力授予优秀的员工，优秀的员工可能会因为觉得自己怀才不遇而离去。

关键的时机与授权本身同样重要。管理者如果对被授权的员工的能力还有所怀疑，担心在授权之后，该员工不能够胜任，那么可以在授权之后加大考查力度，及时监督审查被授权者的工作。若是一直默默地考察员工，没有给员工传递自己欣赏他才能的信息，员工很可能会觉得你不重视他，从而选择离开。

用人之所长，就要容人之所短

德鲁克说过：“有效的管理者在用人所长的同时，必须容人之所短。”

公司新进员工通常都是满腔热血、干劲十足的人，即便不太了解状况，也会针对自己一知半解的情况提出各种各样的意见，这些意见可能很多都是不切合实际的。但作为管理者，即使知道他好心提出的意见是错误的，当时也最好不要直接指出来，可以以后再找机会婉转地让他明白真相。因为，新员工的积极性如果受到挫伤，可能以后他就不敢提出意见了，没有了创新的胆量，也就丧失其新鲜血液的作用了。

德鲁克还指出，优秀的管理者是不会扼杀新员工积极性的，因为那是企业赖以发展的原动力。所以，他指出，员工在犯错之后，不能够一味地指责和谩骂，而应该给予鼓励，因为鼓励才能产生动力，鼓励才能让他有改正的决心。所以，身为一个管理者，一定要懂得宽容地对待新员工。俗话说："水至清则无鱼，人至察则无徒。"从道德上讲，为人必须清、正、廉、洁。但过分要求，就变得刻板，不能对人持宽容厚道之心，也就不能容人，不能用人，不能得人之心。这是企业管理者培养忠诚下属不可忽视的重要细节。

管理者要把握住大的原则，不纠缠于小节，对小缺点要宽容，对个人性格的独特方面要给予理解，特别是那些有独特才能的人，其性格特点也比较明显，要用这样的人，宽容、理解就是非常必要的了。无宽容之心、理解之情，自然无法赢得这些人的追随，让他们尽情发挥作用，就显得很困难了。

可有些领导在看待自己下属的时候，常常横挑鼻子竖挑眼。其中的原因很复杂，但就其思想方法而言，主要在于不能辩证地分析看待人的优点和缺点、长处和短处。

人非圣贤，孰能无过，员工犯错误一般都不是故意而为之的，导致错误的因素多种多样，除了个人的能力等内在的因素外，还有很多不可控的外在因素。另外，犯错误也未必就是一件坏事，错误往往能够帮助员工看清自身的缺点，体会到自己的不足，从错误中逐渐成长起来。有时候，一个员工会犯错误，意味着他不是一个呆板的人，他敢于接受新事物，敢于挑战未知，这是创新的基本素质。身为这种员工的领导者，就应该给予他们更多的支持，鼓励他们从错误的阴影中走出来。

在日常的工作中，管理者要面对的关系是错综复杂的，内部有和员工之间的沟通，外部有和竞争对手及客户之间的博弈。每一个人的性格都不相同，文化和习惯也相异，因此，也不可能每个人的行事风格都符合你的心意。这时候，身为领导者，就要懂得包容，不能够因为不符合你的习惯和要求就把一个优秀的员工辞退。如果真是这样做的话，相信企业也将不会长久。

所以，作为企业的管理者，一定要有容人之量，唯有这样，才能和各种性格迥异的人相处、共事，也才能吸引更多的人才，让企业不断壮大。李嘉诚，就是这样一位有容人之量、懂得宽容的领导。

有一次，李嘉诚让一位经理去和外商进行谈判。在谈判的过程中，这位外商显得十分傲慢，对很多事情表现出不满，而且对合同指手画脚，年轻的经理最后忍无可忍，向这位外商发了火，结果可想而知。

李嘉诚知道了这件事情后，让人把年轻经理找来。此时，年轻经理心想："这次把生意谈砸了，还和客户大吵起来，肯定会被痛骂。"但当年轻经理走进办公室后，李嘉诚没有说一句责备的话，而是给年轻经理讲了很多的谈判技巧，然后，还让这位年轻人重新和外商联系。李嘉诚告诉他："你已经和客户打过交道了，对具体的事务也比较了解，没有人比你更适合承担这份工作。"果然，年轻经理吸取了上次的教训，没有让李嘉诚失望，成功地与外商签订了协议。

在美国南北战争时期，当林肯总统任命格兰特将军为总司令后，有一次，一位禁酒委员会的成员访问林肯，要求他将格兰特将军免职。林肯吃了一惊，问："原因何在？"该委员会发言人说："因为他喝威士忌喝得太多了。""那好吧，"林肯说，"请你们谁来告诉我，格兰特喝威士忌的哪种牌子？我想给我的其他将军每人送一桶去。"

酗酒可能误大事，身为总统的林肯肯定知道，但是他更清楚，在诸将领中，只有格兰特能够运筹帷幄，是决胜千里的帅才。"我不能没有这个人，他能征善战。”后来的事实证明格兰特将军的受命正是南北战争的转折点，格兰特打败了南部军队总司令罗伯特。

试想，如果林肯总统在提拔将领的时候也只关注他们的缺点，或者是关注他们的优点，但又不能容忍他们的缺点，那么也就没有屡建奇功的格兰特，因为谁都会有缺点。

唐代大文学家韩愈也说过，古代的贤能之人，要求自己严格而全面，对待别人则宽容而简约。对己严格而全面，所以才不懈怠懒散；对别人宽容而简约，所以别人乐于为善，乐于进取……现在的人却不这样，对待别人总是说：“某人虽有某方面的能力，但为人不足称道；某人虽长于干什么事，但也没有什么价值。”抓住人家的一个缺点，就不管他有几个优点；追究他的过去，不考虑他的现在；提心吊胆，生怕别人得到了好名声，这岂不是对人太苛刻了吗？

对待别人苛刻，最终会落个孤家寡人，众叛亲离，不仅不能用好手上的人才，也没有人愿意与之共事，为其效力。春秋五霸之一的齐桓公就说过，金属过于刚硬就容易脆折，皮革过于刚硬则容易断裂。为人主的过于刚硬则会导致国家灭亡，为人臣过于刚强则会没有朋友，过于强硬就不容易和谐，不和谐就不能用人，人亦不为其所用。

综观历史上那些深得人心的管理者，都是深抱宽容之心，广纳天下之度，处人用人，该糊涂处糊涂，该清醒处清醒。管理者要想赢得下属的追随和效忠，就应当有容人之量，不以“完美”要求员工。这样不仅有助于相互间取长补短，更能有效发挥出下属的优点。

害怕员工强过你，只会使你越来越“低级”

德鲁克认为，一个优秀的管理者，要善于招募和使用比自己能力强的人。管理者并不是要和下属比能耐，你需要做好的是管理、是善于用人、是怎样能让比自己强的人为我所用，这才是一个优秀的管理者应该具备的才能。

很多企业管理者与员工关系紧张，很难合作好，不是因为员工不合格，而是因为员工太过优秀。在现在的很多企业中，许多企业的管理者在面对一些比自己优秀的员工的时候，总是一副争强好胜的样子，处处要显示出高人一等。此时如果员工比较聪明，懂得忍让一点儿的话，那么带给企业的不利影响还小一点，但倘若这样的企业管理者碰上一个愣头青式的员工，那么将可能会给企业带来非常大的不利影响。

事实上，一个员工越能引起企业管理者的嫉妒心，越能说明这个员工的优秀。学会与比自己更优秀的人相处，这是每一个企业管理者应该具备的能力，企业管理者如果因为员工比自己优秀就产生强烈的嫉妒心，带给企业的损害就不仅是破坏企业良好的工作氛围了，还可能产生更严重的后果。

在世界著名的企业管理者嫉妒方面的案例中，福特汽车公司的董事长亨利·福特恐怕是最典型的了。众所周知，他一手导演了著名的“艾柯卡事件”……

1978 年 7 月 13 日，“野马之父，汽车之父”艾柯卡像往常一样来到迪尔本的福特公司总部上班，但是当他走进办公室的时候，迎接他的却是一纸被辞退的命令。艾柯卡在福特公司工作了 32 年，从小职员一步一步做起，凭借着过人的才华和优秀的管理能力，最终当上了福特汽车公司的总裁，而且在总裁位子上一坐就是 8 年。艾柯卡怎么都没想到自己会以这样的方式离开自己为之努力奋斗了一辈子的福特汽车公司。

事实上，艾柯卡离开福特公司的原因并不是他的管理出现了多么大的问题，相反是因为他的管理工作做得太好了——董事长福特非常看不惯艾柯卡，因为艾柯卡在福特的管理业绩比他要好很多，这让一直自认为非常伟大的福特感到非常不快。在 20 世纪 60 年代，艾柯卡就和公司的工程师们一起夜以继日地设计新车，最终成功推出了非常受年轻人喜欢的“野马汽车”。在推出“野马汽车”之后，艾柯卡又成功推出了“侯爵”“美洲豹”和“马克 3 型”等高级轿车系列，这直接让已经濒临破产的福特汽车公司迅速起死回生，而且还登上了全美第二大汽车公司的宝座，仅次于通用汽车公司。那时，福特对艾柯卡已经嫉妒到了极点，凡是和艾柯卡关系比较好的员工，不管是高级管理者还是中级管理者，都一律开除。一个一直对艾柯卡比较崇拜的普通员工，在艾柯卡离开之后给其邮寄了一束鲜花，结果这件事情传到福特的耳朵里后，福特立刻辞退了这个他连长什么样子都不知道的普通员工。这就是著名的“艾柯卡事件”的始末。

在被福特辞退之时，艾柯卡已经 54 岁了——这是一个非常尴尬的年龄，创业的话时间有点不够，退休的话又感觉自己还能工作几年，所以艾柯卡非常迷茫和痛苦。就在这个时候，已经濒临倒闭的克莱斯勒公司聘请艾柯卡为总裁，于是，艾柯卡再一次回到了自己喜欢的汽车行业。

令福特做梦都没有想到的是，已经被自己击败的克莱斯勒公司竟然聘请了那个自己非常嫉妒的艾柯卡，更令他想不到的是艾柯卡率领的克莱斯勒公司很快就成了福特公司最强有力的竞争对手，并最终使福特汽车公司让出了很大的市场份额，同时也让出了美国第二大汽车生产商的宝座。可以说，这一切都是因为董事长福特嫉妒比自己还优秀的艾柯卡而惹出的祸。

作为企业的管理者，嫉妒很可能会让非常优秀的人才流失，而这些优秀人才还有可能反过来成为其十分可怕的竞争对手。因此，企业管理者要保持一颗平常心，尽量减少自己的嫉妒心就显得尤为重要。

人才是企业的重要资源，是成功的保障，所以领导者要善用比自己更优秀的人，让企业的发展进入一个长久健康的良性循环。

对于管理者来说，妒贤嫉能无异于自掘坟墓，古人说：“弟子不必不如师，师不必贤于弟子。闻道有先后，术业有专攻。”这同样适用于管理者和员工，对那些强于自己的员工，管理者更要予以重用，各尽其才，各尽其能，让他们能安心为企业奋斗，用他们的才华铸就企业的辉煌。

Part 7

绩效管理：以结果为依据，尊重员工带来的成果

以结果为导向，利润才是企业生存的基石

德鲁克说：“除非一个企业产生的利润大于其资本成本，否则这个企业是亏损经营的……到挣足它的资金成本以前，企业没有创建价值，是在摧毁价值。”

现代企业着眼于结果，实现结果管理，是评价员工创造价值和提升员工个人技能的有效手段。企业通过一系列的评价指标，对员工的行为和行动做出公正、合理并且令人信服的评价，从而依据评价结果做出晋升、降职、调动、开展培训和调换工作或辞退等决定。

在向结果型企业转变的过程中，企业要想使员工树立绩效意识，提高员工的执行力，就需要在管理中以员工的执行结果为重点，运用考核的办法使员工改变低效甚至无效的工作方式，踏踏实实地提高每一环节

的工作效率。作为一名领导，在工作中一定要树立“以结果为导向”的工作理念，要想方设法去保证工作的落实，为企业创造效益。如果是客观的原因，那我们无能为力；如果是因为我们自身的悲观判断就选择放弃，那等于是自毁前程。

大众汽车公司一直被认为是最为科学和理性的公司，而最能体现其理性特点的莫过于其施行的结果管理。在大众汽车公司，结果管理工作被当作一个系统工程，主管和员工共同讨论和制定绩效目标，并且这个结果目标必须是具体的、可执行的、有明确时间表的。只有员工能够准确地描述自己的具体工作是什么、这些工作的具体标准是什么、为什么要做这些工作以及完成这些工作的时间期限等，绩效计划的工作才能告一段落。

大众的绩效考核十分注意对员工的执行结果进行考核。大众汽车在考核中引入了六西格玛概念，用它来解决管理人员、公关人员的考核不易量化的难题，而员工也可根据这些行为准则评价自己的主管。对于具体执行工作，能量化的尽可能用严格的标准量化，如公关人员的工作量化可以用接了多少个电话、回了多少个电话、用多少时间来回答、安排了多少拜访等进行。通过对这些十分具体的工作的考核，不仅公关人员、管理人员更加务实和注重结果了，其他的员工也深受结果文化的感染，积极改变自己的行为方式。

除了对工作业绩进行考核以外，大众汽车公司还对员工的价值观等方面进行考核。每一个进入大众汽车公司的员工都要经过一系列的价值观培训，使员工理解和强化公司的价值观。考核不是让员工背诵价值观，而是考查员工是否在平时的工作和生活中用实际行动和工作的结果来说明价值观。

通过大众汽车的结果管理，不难看出公司对于员工是否用实际行动执行计划、实践战略和对价值观的重视以及对各级管理人员在执行和关注具体结果方面的高要求。

在工作中，很多领导只知道去安排工作任务，却不重视工作的最终完成情况。他们耗费大量的时间和精力来做工作，最后却出现投入巨大但效果不佳、意义不大乃至做出错误的事情。如果工作中以结果为导向，那么这样的局面就不会出现，因为有了预期的结果，工作起来就会有明确的目标，就会灵活应变，行动迅速。

什么是企业的利润？企业利润的主要来源是营业利润，它是指企业在销售商品、提供劳务等日常活动中所产生的利润。简单来说，就是所获得的数额扣除成本消耗的余额。

企业的税后利润可以算作是企业的净利润，一般按以下方式进行分配：弥补企业以前年度的亏损、提取法定盈余公积金、提取公益金、向所有者分配利润。通过这个分配方式我们可以看到，作为团队或者个人，只有在企业获取更多利润的情况下才能分得更多利润，而对于企业来说，个人或者团队的作用就是赚取利润，不计较中间过程只注重结果。所以德鲁克得出结论，即便过程有很多精彩之处，如果不能为团队和组织带来利润，过程就是做无用功。

德鲁克这样解释利润：它是企业生存发展的核心指标，不论是投资人、债权人还是企业管理者都非常关心企业中各团队的盈利能力，而利润管理是企业目标管理的重要组成部分，其行为结果会直接或间接地影响每个个体的利益。

当今的经济社会已经不是遍地金砖的商业发展初期，企业想在高度竞争的市场中保持利润持续增长变得越来越艰难，市场竞争非常激烈，突破性的技术创新又不是一朝一夕能办到的事情。面对如此众多的困难，许多公司原本认为的“通过创造并保持现有市场份额才能获取利润”的想法已经落后了。

德鲁克认为，获取利润的途径无非是开源节流，除了在企业外部赢得利益外，还要从内部的成本控制出发，学会节流。对于企业来说，适当适度的节约就意味着创造利润，因为成本的缩减就是利润的增加，每节约一分钱，利润就会增加一分。也因为企业利润关系着每个员工的酬劳收益，所以节约与企业每个人的切身利益也密切相关。在能源紧张的现代社会中，节约不仅是一种道德理念和价值观，更是一种核心竞争力。能够节约的企业，能够从节约出发找到利润的企业，会在市场竞争中游刃有余；能够为企业节约、真正懂得节约、会节约的员工，也会在职场中脱颖而出。

有的放矢的节流是企业长久存活的根本，是企业中容易创造利润的方式之一，也是一家企业活下去的一大重点。向节流要利润，任何时候都是简单有效的经营法则，要让员工创造利润成为习惯，培养节流的习惯是第一步。

德鲁克曾拿前“世界船王”包玉刚的话来加以说明：“在经营中，每节约一分钱，就会使利润增加一分，节约与利润是成正比的。”无论是在金融危机之下，还是在经济繁荣之时，开源节流都是企业生存和发展的基本原则，尤其是在经济危机的打击之下，外部利润不断降低，企业更要学会从节流中获取利润。而且在金融危机的直接影响下，从银行或者其他金融机构贷款变得很难，所以企业如果不能有效控制成本，养成节流的习惯，就不能保证其始终平稳运行。

以知名品牌奥康皮鞋为例，厂家每生产一双皮鞋需要经过五十多道工序，只要每道工序稍加留心，尽量不要错误操作，可节约2分钱，这样一双鞋生产出来就可以节约一块多，这使奥康每年能轻松增加1500万元的利润。所以，奥康一直在大力推行“精益生产”，创造成本上的优势。

当然，还有一点应该注意，利润也应该成为动力和激励。我们都了解，适度的利润管理对企业的不断发展有举足轻重的作用，但过度的管理也会给企业成长带来不利的影响，不利于企业经营的决策与实施。德鲁克曾经在美国社会工业产业繁荣的时候提出，很多企业需要的是一种行之有效的变革。这个变革要求管理者学会识别新的获利机会，能够根据市场客观而全面的分析制定新的市场决策，有专人负责跟踪、调研、细分客户群体，并为不同的顾客群配置合适的产品或服务组合，有策略地提高产品价格，并且在遭遇竞争对手威胁时，抵制住降价的冲动，坚持品质而不是毫无原则地降价。对于内部管理来说，设定合理的绩效规则，给员工适当的激励，让公司的每个团队及成员都能专注于提高利润。

德鲁克指出，管理者作为团队的领导者，不仅要保证团队为企业赢利，还肩负着保证每一个团队成员利益的任务。企业管理者要充分显示出你正确的价值观，运用适当的管理手段，不仅为企业开源，还要学会从成本控制上节流。毕竟，对于企业而言，利润永远是最终目标。

铁的纪律，是一切绩效的良好开端

走进每一家企业，走进每一间领导人的办公室，墙上大多悬挂着纪律或职责的牌子，因为纪律就是一种制度，有制度就能减少管理中的人为因素。俗话说，没有规矩，不成方圆。没有纪律，整个团队将会是一盘散沙；没有纪律，一个团队要想成为金牌团队也只是天方夜谭。德鲁克说，信息化组织是有纪律的。只有拥有良好的纪律，你的团队才能实现高效动作。

1978 年 7 月 13 日，由于功高盖主，54 岁的艾柯卡被妒火中烧的大老板亨利·福特开除了。对艾柯卡来说，这是一次沉重的打击，自己辛辛苦苦为之打拼半辈子的福特公司却把自己扫地出门，这种羞耻是难以言喻的。对于艾柯卡来说，54 岁是个尴尬的年龄，退休太年轻，在别的行业里另起炉灶又太老，况且自己把半辈子的心血都投入了汽车行业中，熟悉的也只有汽车行业。

当很多公司向他抛来了橄榄枝的时候，他选择了濒临破产的克莱斯勒汽车公司，出任了该公司的总裁。

这是一家怎样的公司呢？大大出乎艾柯卡的意料，由于前任总裁的无能，公司几乎处于瘫痪状态，纪律松弛，35 位副总裁各霸一方，互不通气；财务混乱，现金枯竭；产品粗制滥造，积压严重。就在艾柯卡上任当天，该公司宣布连续 3 个季度的亏损达 1.6 亿美元。

艾柯卡知道，纪律是管理的依据，如果没有纪律的约束，整个团队就毫无生命力可言，团队绩效要靠纪律来保障。当时，克莱斯勒公司管理机构庞杂，效率极为低下；财务系统混乱不堪；设计与制造、制造与销售互相脱节；领导决策层信息闭塞；基层职员士气低落；工厂纪律松弛，各分公司更是鱼龙混杂；外行领导内行，完全丧失了决策的民主化和科学化。针对这种情况，艾柯卡在公司内采取一系列强化公司纪律的有力措施。在他的这些纪律措施颁布之后，公司的情况开始慢慢好转起来，并最终为克莱斯勒的崛起奠定了坚实的基础。

前面我们也曾提到过艾柯卡到克莱斯勒的事迹，那节讲的是艾柯卡的用人之道，这里我们讲他通过纪律来提高绩效、提高公司业绩的事情。但不论是从哪个方面，我们都能看到艾柯卡身为一个管理者的卓越之处。同时，通过这个案例也可以充分了解到，要想让企业的业绩和绩效得到有效的实施，必须要有纪律来作保障。

国际电话电报公司（ITT）是一家电信公司，曾长期垄断美国长途和本地电话市场。1959 年，詹尼担任国际电话电报公司的总经理一职。他上任后，发现 ITT 公司是由分设在 49 个国家的分公司组成的一个大企业，虽然是大企业，但是总部的人员毫无生机，而海外的主管们也都是整天以逸待劳。

詹尼发现这种情况后，决定从整顿纪律开始。他将所有分公司的负责人召集到会议桌前，宣布了三条铁律：每个分公司，必须无条件执行总公司的指令；各个机构按月向总公司汇报财务状况，包括收入、支出、预算等；各分公司定期向总公司报告经营的环境及状况，所在当地的竞争对手及市场分析。

这三条纪律所有人必须遵守，如果不遵守，当总公司派出的监督人员发现的时候，有权撤换。在此期间被解雇的人，一律不发退休金。

铁律颁布之后，法国办事处的经理丹费尔却对之置之不理，他仗着自己的叔叔贝尔曼殊是总公司的常务董事，因此依然一意孤行。第一个月过后，丹费尔既没有向总公司汇报财务状况，也没有将总公司的催促放在眼里，他觉得总公司不敢把他怎么样。詹尼知道了这个情况后，立刻做出了辞退丹费尔的决定，并派出另一位得力干将接替他。丹费尔得知这个消息后，拒绝离开自己的职位，也不与新来的经理办理交接。但詹尼早就想到了这样的结果，因此，在新经理赴任之前，就告诉丹费尔："若是不办理交接，我就另外找公司的办事处，并在报纸上报道公司搬迁新址的消息，让所有员工到新办公地址工作。员工愿意去的继续聘用，不愿意去的，立刻解雇。"丹费尔知道了詹尼的这个对策之后，毫无办法，最后只得和新经理办理了移交手续。

正是有了这种严明的纪律，使得 ITT 迅速走上了正轨，再加上其他的经营措施，ITT 恢复了昔日在国际舞台上的地位。

德鲁克认为，一个企业若是没有严明的纪律，就不可能在 21 世纪的企业竞争中获得立足之地。而作为一个公司的领导，若没有将铁的纪律执行下去的决心和对策，那又怎么可能做到提高绩效、提高企业的业绩，让企业走向辉煌呢？

绩效管理，别让它成为形同虚设的装饰

德鲁克批评相当一部分企业，认为他们之所以不能顺利推行绩效管理是因为企业本身的基础管理工作较差，企业自身的发展战略不完善，策划和执行部门的职能不明确，很多专业操作部门欠缺，造成了资料的缺失和资讯的匮乏。企业没有好的讨论氛围和融洽的沟通氛围，上下级之间不能充分地进行考核沟通，致使绩效考核的作用发挥不出来，所以还需要营造良好的企业内部氛围。更重要的是管理者要重视培训工作，培训不到位也会造成管理脱节，同时各级管理者应该适当地掌握绩效管理的工具和技巧。

绩效管理系统本身存在着问题，这也是造成绩效计划实施困难的主要问题。很多企业在制定绩效目标的时候缺乏依据和科学的参考，制定

绩效目标的随意性相对较大，致使绩效考核做不到公平公正，不具备公信力。德鲁克还指出，绩效考核指标存在问题，也会导致员工行为和企业预期不一致。

员工的利益与企业的绩效管理考核是息息相关的，好的绩效管理考核可以充分调动员工的工作积极性，激发员工的工作热情，而有规定、无考核的绩效考核容易使考核流于形式，无法发挥其应有的作用。

例如到了每年年终，许多企业的人事部门都开始为年终的绩效考评做准备。然而，大部分企业的年终绩效考核都是流于形式的。究其原因，主要是管理者应付了事；绩效目标难以衡量；管理者缺乏相关的训练；拉不下面子；打分标准不一；只问结果，不管过程等。还有一个更为根本性的原因——企业对绩效考核和绩效管理本身的认识就存在偏差，简单地认为绩效考核就是绩效管理，只看到需要评估部门和员工表现的一面，而忽视了其他更为重要的考核因素。

我们来看一下这样一个事件：有七个好朋友住在一起，每天分享一桶粥，不过显然一桶粥不够他们喝，而且有人喝得多，有人几乎喝不到。于是大家想要找到一个公平的分粥办法，开始的时候，他们靠抓阄决定由谁来分粥，分过的人不再重复参与抓阄，可是七天下来，他们都只有自己分粥的那一天是饱的。

后来他们决定推选出一个道德高尚的人出来分粥。权力会产生腐败，大家为了能够得到多一点的粥，开始挖空心思去讨好和贿赂分粥人，这样整个小团体的氛围非常不好。忍无可忍之下，七人组建了三人的分粥委员会及四人的监督委员会，双方互相攻击浪费了很多时间，粥喝到嘴里的时候都是凉的了。

最后他们想出来一个有效的解决办法：七个人轮流分粥，

但负责分粥的人要等其他人都挑完后拿最后剩下来的那碗。于是，为了不让自己喝到最少的，每个人在分的时候都尽量分得均匀，就算分不均，后果也只能自己承担，就这样，大家和和气气地喝粥，日子越过越好。

管理者确立目标后的主要职责就是建立一个“轮流分粥，分者后取”的合理规则，让每个员工按照既定的规则自我管理。当然，这个规则一定要兼顾公司利益和个人利益，并且要让个人利益与公司整体利益统一起来。所以界定工作的使命就成了决定成果的重要基础。

越来越多的管理者开始从管理本身出发去寻找团队建设的突破点，因此很多企业都在推行绩效管理的方法，也有越来越多的员工经历过绩效管理与考核。相信大部分的人有这样的感受：绩效管理一定要做，可是想要做好并不容易。那么令管理者爱恨交加的绩效管理到底存在哪些问题呢？是什么原因导致企业绩效管理的效果不能尽如人意？管理者应该如何使绩效管理取得预期的效果？这些问题德鲁克会带我们从绩效结果中找到答案。

他先从这样的一个案例谈起：

杰弗逊纪念大厦在华盛顿一直是一个标志性的建筑，但因年久失修，墙面上出现了多条裂缝。政府发现这个问题后，立刻请相关专家商讨如何修复的问题。

一开始，很多专家都认为，出现这样的情况主要是因为酸雨对墙面的腐蚀。但经过进一步的研究后，发现造成墙面腐蚀的最直接原因是清洁剂的使用，因为每天使用清洁剂对墙面进行冲洗，造成了清洁剂里面的某些物质对建筑物表面的酸蚀作用。可能有人要问，那为何每天需要用清洁剂来擦拭墙面呢？因为这座大厦周围有很多燕子，燕子们每天围绕着大厦飞行，于是很多的鸟粪便落在了这座建筑物上，因此，每天必须进行清洁。那么，燕子为何会喜欢在这座建筑物周围飞行呢？这主要是因为这座建筑物四周有很多的蜘蛛，而蜘蛛是燕子喜欢的食物之一。可能还会有人问，建筑物四周为何会有那么多的蜘蛛呢？这主要是因为大厦周围有很多的飞虫。那飞虫为何会喜欢出现在这座大厦周围呢？原因是大厦的采光极好，阳光照射充足，这样的温度和环境适合飞虫的繁殖……

通过一层层的研究，终于找到了问题的症结在哪里，最后，专家们商讨出的办法是：拉上窗帘。

杰弗逊大厦出现裂纹，原来只需要拉上窗帘就能够节省好几百万美元，小小的一个改动就能够解决大问题。所以德鲁克得出结论：我们从绩效考核中得到信息，要处理问题的时候，如果能追本溯源，抓住问题的根源，往往就能够起到四两拨千斤的功效。

德鲁克说：“即使是着眼于贡献的管理者也不一定会得到满意的成果。”基于问题的症状去纠正错误，只能治标不能治本，虽然能迅速消除问题的症状，但只能起到暂时的作用，而且往往还带有使问题更加严重的副作用，是一种变相的逃避。“治本”是问题的根本解决方式，只有通过系统思考，从结果出发，看到问题的起因和整体，才能发现解决之道。

作为一个完整有效的绩效管理体系，应该从制度上明确绩效考核者、被考核者、考核周期、绩效考核的主要内容以及考核结果的应用等要素。德鲁克指出，关键业绩考核指标体系应该完整地包含以下部分：指标名称、指标释义、绩效目标、评价标准以及绩效考核人等。他还强调，选择合适的绩效考核指标并明确各个指标的关系、制定客观的评价标准、确定合适的绩效考核管理者才是完整的设计考核指标体系的过程。

德鲁克还补充，应该检视绩效管理各个环节工作是否到位，绩效反馈的处理情况等。绩效考核结果应用是非常重要的部分，因为它起到的是继往开来的作用。

另外，他还指出，利用绩效管理最有力的调动员工积极性的武器，就是将绩效考核结果与绩效工资、奖金、假期等挂钩，与培训教育、员工个人发展计划相联系。组织利益和个人利益相关的时候，就是员工最能发挥能力的时候。而管理者的任务就是从绩效结果中找出问题，并找出问题的原因所在，只有把握了问题的症结，才能进一步更好地解决问题。

企业良好的运转，在于赏罚分明的机制

德鲁克一直强调，管理者在企业里的特殊职位使他们的一言一行都会对企业和员工造成深远的影响。他们对做出的每项决定都要慎之又慎，因为企业的员工都在用放大镜看着他们。管理者的举动不只代表了个人，也代表了企业，管理者只有做到公平、公正、对事不对人，不仅仅在奖励中，在平时的待人方式、指导方式、工作的分派、评价及待遇上，都做到公平公正，才能真正赢得员工的拥护和尊重。管理者要树立良好的有威严的形象，才能顺利地管理公司，统领大局。

美国丹纳公司历来遵守“丹纳法则”：正确评价人们的贡献，这样他们会更积极、更努力地做出应有的回报。它要求有区别

地对待所有做出贡献的员工，而不能一概而论，大贡献有大奖赏，小贡献有小奖赏，没有贡献不给奖赏。

有一年，一个中型煤矿取得了较好的业绩，特别是在安全方面，跻身于同行业的先进行列。于是，上级主管部门给他们发放了15万美元的奖金，奖励该煤矿在安全与生产中做出贡献的员工。

15万美元如何分配呢？经过讨论，15万美元奖金分成五个档次：矿长550美元，副矿长500美元，科长400美元，一般管理人员200美元，工人一律5美元。这样分下来刚好分完。

矿长同意了这个分法。

奖金发下之后，没有人有质疑，全矿显得风平浪静，但几天后，安全事故就不断地发生。矿长带领工作组追查事故起因，最后，有人说出了这样的一番话："我们拿的安全奖少，不应该负那份安全责任，干部拿的奖金多，让他们干吧。"甚至有一些年轻的工人说："我们受伤，就是为了不让干部拿安全奖。"

这种回答可能会让很多人为之咋舌，但仔细想想，也不无道理。

这就是不公平导致的恶果。从管理学的角度来讲，这个分配方案忽视了公平原则，让部分员工产生了不满。管理者采取的决策、行动，应让员工认为是公平的，如果员工认为不公平，就会失去员工的信任，也就无法达到好的效果。

那么应该如何杜绝这种不公平，从哪几个方面入手呢？

（1）处理事务时对事不对人。管理者在处理公司各项事务的时候，要对事不对人，以制度中的各项规定为准。同样一个规定，这个人违反和另外一个人违反，在处理上是一样的，不能因为某些原因而做出不一样的处罚。

（2）优化部门管理，各司其职。明确每个管理部门，甚至每个管理者的分工，在制度面前避免交叉管理，严格按照制度规定去执行。

（3）建立严格的执行机制。要增强执行力，必须建立严格的保障执行制度，将相关的制度建设贯穿于增强执行力的各个方面和各个环节当中，求真务实。

绩效管理无沟通，下属如何知道你的心思

没有良好的沟通，人与人之间难免就会出现各种各样的问题。现实中的许多经验教训也都能说明，工作中出现的矛盾、问题，往往是因为沟通差，缺少交流所致。所以，管理者要想管好人、理顺事，就必须与员工进行有效沟通。如果一个企业的上下级之间不能有效沟通，很多有价值的信息就不能传递给每一位员工，那么员工就难以把工作做好，管理者就会遇到棘手的事。

某企业有一间办公室着火了，管理者对刚走到门口的员工说："快拿桶水来！"这位员工边走边想：水龙头在哪儿？水桶在哪儿？他终于想起不远处的食堂有水桶，他盘算着，先拿

桶，然后到最近的水龙头打水，这样最省力。但当他回头一看，不得了啦！管理者的办公室也起火了。

原来，当管理者发现了火情，便马上要刚走到门口的员工拿水桶。员工只是机械地执行拿水桶的指令，并不知道管理者脑子里真实的想法，结果这位员工直埋怨："早知道是救火，附近就有灭火器，何必要跑到远处去拿水桶呢？"

如果管理者对员工说："有火情，你赶紧给我拿桶水来救火！"这位员工就会动脑思考：要救火，得赶紧！但是救火不一定非得用水呀！附近不是有灭火器吗？几分钟内，火警就会解除。

这是典型的沟通障碍的例子，它有效地说明了没有良好的沟通，就无法明白和体会对方的意思，就难以把要做的事情做得顺利、圆满，工作就会出现障碍。

德鲁克觉得，在一个组织里面，不同岗位的工作标准是该岗位员工的行为指南和考核依据。缺乏工作标准，也会导致员工的努力方向与公司整体目标、既定发展方向不统一，给人力和物力资源造成浪费。因此，绩效管理的重要任务是防患于未然的沟通，要让下属知道你要做什么，这样做的目的是什么，神秘感不能让你树立威信，反而容易让你的工作举步维艰。

德鲁克还说："你可以很容易看到这些人没有贡献。他们失败的原因在于，某些管理者有个常犯的毛病，即专家式的傲慢。认为别人都应该懂得他们的术语，并按照他们的方式来思维……他们认为其余的人即使不沟通，也应该知道做什么。"

很多管理者都认为沟通是在绩效管理的反馈阶段才使用的手段，其实绩效沟通恰恰正是绩效管理的核心，是绩效管理过程中耗时最长、最关键、对工作开展最有促进作用、最能产生效果的环节。所以，良好的绩效沟通能够及时排除目标完成过程中的障碍，最大限度地提高绩效。他还指出，绩效沟通应该始终贯穿于绩效管理的各个环节。

（1）绩效的计划需要沟通。即使绩效管理还未开始，绩效计划还在谋划当中，管理者与下属之间也应该就即将实施的绩效计划的目标和内容、实现目标所要采取的措施、步骤和方法等进行全方位的沟通交流。只有双方达成共识后，在一致赞同的计划下开展的绩效管理才能顺利高效。

（2）绩效的指导需要沟通。在绩效管理开始执行后，管理者要细心观察员工的一举一动，根据下属的表现，判断所有步骤是否按照计划有序实施；围绕着下属的工作态度、操作方法、操作流程与绩效标准等方面进行沟通指导，如果发现产生偏差，应通知下属及时纠正错误；可以适当鼓励员工的优异表现，以增强其自信心，鼓励员工遇到困难时主动向部门负责人汇报情况，寻求帮助，这样，绩效管理才能持续有效地运行下去。

（3）绩效的考评需要沟通。绩效考评是对员工的综合表现和业绩进行全面的回顾、总结和评估的阶段。这个阶段包含管理者与员工的沟通、交流与信息的反馈，管理者在资料分析后应该将考评结果及相关的信息反馈给员工本人，通常以面谈的形式来进行。总之，绩效考核中的沟通是必不可少的，是为了辅助性地保障员工按照绩效合约进行工作而存在的。

（4）绩效的改进需要沟通。这里的改进指的是主管根据下属的工作反映在绩效中的不足，指导下属改进或提出一些改善的建议，然后针对改进情况进行交流评价，通过辅导帮助员工得到提升。

德鲁克强调，管理者如果能坚持做到适时进行有效的绩效沟通，那么对于达成员工个人和团队绩效目标会起到很大作用，这也是绩效管理能够有效贯彻和执行的有力手段。

总而言之，管理者与下属之间通过沟通与交流，可以使下属在工作过程中及时得到正面或者负面的关于自己工作绩效的反馈信息，有利于自己在工作中不断改进方法、提高技能、获得进步；还因为随时可能有策略或者信息的变化，所以沟通能帮助员工及时了解组织目标的调整、重要工作内容的变化，便于及时变更相应的个人目标和工作任务等；也能够使员工在需要的时候能及时得到上司相应的资源和帮助，以便能更好地实现目标，当员工个人受到环境影响或者面临危机时，不至于孤军奋战。

总之，德鲁克总结道：对于管理者而言，绩效管理的重要任务是防患于未然的沟通。每个管理者都要重视这一点，并运用其解决实际问题。

Part 8

责任管理：有担当，才会成为优秀的领导

学会担责，是领导的第一要素

对任何级别的管理者而言，决策是一种权力，更是一种责任。企业管理者及公司主管在执行上级意图时，首先要决策——对于广大管理者而言，就是如何带领下属去执行。如德鲁克所说：“决策是使大量分歧的时间幅度同步化为现在的一台时间机器。是为未来将决定做的某些事情进行计划。”他接着说，“管理者在做决策时却不能只是为了目前。最权宜、最机会主义的决策——如果不说是永久地和无可挽回地承担责任的话，也会使我们在今后一个长时期内承担责任。”决策并不是简单地对下属下命令。

德鲁克强调：“作为决策负责人，他不能只是贯彻上司的指令。他必须承担起做出贡献的责任来。”他给予职权这样的限度：“在社会责任上最重要的限度是职权的限度。法学家认为在政治词典中并不存在着

‘责任’这个词，而存在着‘责任和职权’。任何人要求职权就要承担责任，而任何人承担责任也就是要求职权，这两者是同一硬币的两面。因此，承担社会责任始终意味着要求职权。”

“传统的中层管理人员基本上是一种指挥员，而新的中层管理人员基本上是一种知识供应者。传统的中层管理人员对向他做报告的人员有一种对下的权力。新的中层管理人员则主要有一种横向的和向上的责任，即对他无权指挥的人有一种责任。”德鲁克在这样强调了管理者的责任后说，“归根到底，‘管理’意味着用思想代替体力，用知识代替惯例和迷信，用合作代替强力。它意味着用责任代替等级的服从，用取得成就的职权代替权力的职权。”这应该是企业管理者必须遵守的一种新的岗位游戏规则。

作为管理者一定要敢于承担责任。犯错和失职并不可怕，否认和掩饰错误才是最不可容忍的。

戴尔公司的老板迈克尔·戴尔就是一位勇于承担责任也能主动承认错误的领导。自从2001年起，戴尔公司就实行了年度总评计划。在戴尔工作的任何一个员工，都可以向他的上级，或者是戴尔本人直接提出意见，指出他们的错误所在。在第一次员工总评时，戴尔就收到了这样的评价——过于冷淡。戴尔看到评价后，当着全公司的员工检讨自己的问题，他说：“我承认我有这样的问题。这主要是因为我太腼腆、个性内向。因此，给人的感觉就会显得冷淡些，让人觉得不太好接近。这是我的错误，我向大家保证，我会尽最大的努力，改善我的态度，改善我和员工之间的关系。”

这件事情发生后，有记者采访戴尔，问道：“戴尔先生，你就不担心员工提出的问题是您根本就不存在的吗？”戴尔微笑着说：“在戴尔，最重要的一个准则就是责任感。在我们公司，你不会听到有任何推诿之词。因为我们不需要借口，需要的是高度的责任心。”戴尔的这番言论在公司内部引起了巨大反响，员工们都觉得，老板都是这样敢于承担责任的人，那我们又有什么理由去找各种借口和推诿之词呢。因此，“承担责任，不找借口”的风气迅速在戴尔公司蔓延开来，这也让戴尔公司在激烈的市场竞争中有着更加强大的力量。

李嘉诚曾说过，属下的错误就是领导者的错误。经商多年的他懂得经营企业并不是一件简单的事情，谁都会犯错误。当错误发生时，作为领导，就得带头检讨，把责任都揽在自己身上，尽量不要让属下陷入失败和自责的阴影中。他时常说：“下属犯错误，领导者要承担主要责任，甚至是全部的责任，员工的错误就是公司的错误，也就是领导者的错误。”

在工作中人们由于经验、能力、环境等因素犯错误是常见的，关键是有无勇气去面对和改正错误。从人性的角度分析，人在做错事或遇到外界刺激时，首先会进行自我保护，同时产生负罪感和责任感。如果能主动认错，至少可以获得别人的谅解和帮助，同时缓解自身压力，对于同事有所交代。

梁启超说：“人生须知负责任的苦处，才能知道尽责任的乐趣。”

可以说承担责任是任何人生存的必备素质，尤其对于管理者来说，问题出现了，你敢于承担属于自己的责任，才能取得领导的支持和下属的信任，这是解决所有问题的前提，也是作为一个管理者必备的素质。

企业要想有规律，管理就要一碗水端平

德鲁克认为，管理者要奉行公平的原则来处理自己和员工的关系。管理者和员工是平等的，管理者要放下架子和员工交流，尊重每位员工的人格和尊严，真诚地关心每位员工，才能与员工建立良好的互动关系。管理者还要公平地用人，不以员工与自己的亲疏远近来评定员工的能力，要唯才是用，以才能作为任用员工的主要标准，使员工拥有能发挥才能的空间和职位。

2003 年新东方成立了教育集团，花费 100 万元委托普华永道重新分配高管和股东们的股份。创始人俞敏洪，因此被看成是家族企业和管理混乱的主要负责者，退居二线，担任董事长。

由胡敏任总裁主政新东方，胡敏大刀阔斧，对新东方的组织和人事制度开刀。

胡敏对于新东方的内斗和管理混乱，开出了公司规范化的药方。在胡敏的主持下，股东会、董事会、监事会到总裁办公会的组织结构和职业化管理结构，在形式上把新东方建立起来。但问题是，胡敏的改革并没有触及新东方管理弊端的内部。

实际上，新东方合理的利益分配机制尚未成形，这就产生了新的问题，用江博的话说就是，“每一个人都想在新东方拥有什么，又惧怕别人拥有更多”。

于是，仅仅一年后，宣布把工作重心转移到战略和上市目标的俞敏洪，不得不重回新东方收拾残局。在混乱中，胡敏向俞敏洪递交辞呈，离开了新东方，另立门户。新东方第一次职业化管理的尝试，最终以大乱的失败形式告终。

2005 年，是新东方上市前的关键一年，管理的专业化、职业化水平要求遽然提高，俞敏洪迫切希望解决公司的管理短板问题。这一年，新东方第一次公开向全球招聘高级管理岗位人才。面对媒体，俞敏洪按捺不住求变、求贤的心情，向外界呼唤：“现在新东方不缺优秀的校长和老师，许多中高层领导都是从最基层提拔起来的，急需专业的国际化人才，特别是在财务、市场、人力资源等领域。”

俞敏洪作为董事长，这样解释他的这一举动：现在新东方急需要这样的专业管理人才，如在人力资源方面，可以为新东方搭建一套先进的十几年不过时的平台，在财务和运营方面也可以提出自己的看法和见解。新东方也将实行人才提拔双轨制度，内部培养有潜力的人员，但这需要时间，而招聘的高管来了就能独当一面。

随后，一大批优秀的职业经理人空降新东方，打破了内部的利益藩篱。例如，原来四分五裂、各条各块一家独大的主要依靠是财务独立，但随着新东方CFO谢东萤的加入，会计师事务所审计、内部成本风险控制、第三方监督等新的财务管理制度的建立，抵消了新东方各个板块间的利益阻力。

随着公开、公平、透明、风险可靠的硬财务制度的建立，原来依附其上的内部斗争基本终结。在新制度的阳光下，新东方的人事、产品、业务重新走上正确的轨道，管理者和员工各司其职，和谐的秩序初步建立起来。俞敏洪曾设想过的管理权和所有权两权分立的新东方图景有条不紊，在职业管理团队的打理下，渐渐清晰起来。

“很少有企业的改革像新东方这样，从大乱实现大治。”俞敏洪这样评价新东方的职业化管理进程。在第一代新东方人，给学生们留下了无数传奇的故事和个人英雄主义之后，新东方开始以规范化、制度化、完全透明的现代企业的形象出现。而新东方的上市，又从根本上停止了公司内部文人之间无休止的内讧，同时也把补习班形式的短期教育培训，推向了流水线的大规模制造之中。

如果比较一下中外企业的管理、制度体系和核心竞争力，中国企业的优点固然很多，例如人力成本低，市场利润水平总体较高，增长潜力大，可塑性强等，但是缺点也十分明显。大多数的中国企业，即便是民营企业500强、在海外上市的中国概念公司，管理上都存在这样或者那样的缺陷。一些投资者，甚至是巴菲特这样的价值投资者，都对中国公司管理层的不成熟、非职业化、家族化集权、决策风险大等问题颇为敏感。

事实上，这些问题，绝大多数都与管理专业化、职业化程度较低，内部管理和风险决策制度不完善有关。所谓管理的专业化和职业化，本质上都属于管理人员职能和责任的专门化、制度化问题。

管理者用人是否公平影响着人才的引进和发挥，唯有做到公平地对待每一个人才，把每一个人都放在最合适的位置上，人才才会用才能回报管理者的公平。如果违背了公平原则，管理者就失去了人心，失去了人才，也就失去了企业的核心竞争力。

温暖了人心，员工才会死心塌地

相信很多管理者都遇到过这样的经历：当你偶然对员工报以一个微笑、给他们一句称赞或者为他们解决一个贴心的问题后，员工会立刻显得斗志昂扬、激情四射，并全身心地投入工作当中。这是为什么呢？

德鲁克认为，管理者对于员工们的任何奖赏，不论大小都能够让员工感受到肯定性的激励。因为在那一个看似不起眼的微笑、体恤与赞扬中，受表扬的人感觉到了自己工作的价值，以及自己在企业当中的重要性，他们觉得自己的付出不再是用劳动价值去交易薪水那么简单，而就像在为自己工作一样。

德鲁克曾讲过，作为企业的管理者，你不能仅仅将自己定位在一个管理角色的层面上，你应该是一个团队的核心，是一名让所有人都信服的领导者。而要做到这些，你就千万不能吝啬你对员工的关怀与奖赏，因为在一个企业当中，任何一个管理者都不能只将眼光放在员工的工作上，而应该将眼光盯在员工和企业的长远发展上。管理者的关怀与奖赏会让员工获得一种认同感，而这种认同感能够激发员工的工作热情，使得他们能够将工作做得更好，也能有效减少工作中的各种失误。

在现代职场上，很多管理者奉行的是赤裸裸的金钱雇用关系。企业花钱雇用了你，你就得按照企业的要求来工作，企业按照与员工签订的合同或者双方约定来处理与员工的关系。也就是说，企业与员工之间的关系非常简单和纯粹，就是金钱雇用关系，员工为企业工作，企业支付薪水给员工，而企业则获取员工的所有工作成果并将之转化为自己的收益。这简直和市场上陌生人之间进行的买卖没多大区别，这种员工与员工之间常常形同陌路，员工与管理者之间也没有过多的私人联系，大家都清楚彼此之间只不过是一种简单的雇用关系，这种缺乏人情味的工作环境使得员工对企业也没有任何的归属感和依恋感。员工会觉得在一个企业工作只不过是为了谋生，为了寻求可能的发展机遇，一旦企业不能满足自己的这个要求，他就会毫不犹豫地与企业告别。

其实，员工的工作不仅仅是为了薪水，在得到物质财富之后，他更需要满足的是精神需求。如果一个企业缺乏良好的人际氛围，员工在其中工作就会感到不舒服，自己的精神需求得不到满足，在这种情况下，他对企业也就失去了忠诚感和归属感，跳槽成了他的重要选择。

企业需要对员工进行情感投资，需要改善管理方式，建立人性化的管理模式。具体说来，管理者应当重视员工的精神需求，给予员工更多的关怀和帮助。应当鼓励员工之间的交往，帮助他们建立起信任和互助的人际关系，这是强化组织内部凝聚力的一种重要方式，也是提高员工素质、建立学习型组织的重要步骤。没有员工之间的信任和配合，组织就不可能高效、顺畅地运转，管理者除了在规章制度上为员工之间以及员工与管理者之间创造宽松的交流环境外，还应主动采取一些措施来增进员工之间、员工与管理者之间的关系，如可以举办各种户外活动，可以组织一些趣味比赛，也可以邀请员工到家里做客，等等。

企业只有加大对员工的情感投资，才能留住员工的心，进而留住员工的人。

英国有家名叫先锋公司的软件企业，该公司在里贝特的领导下，用了不到 3 年的时间将利润从 800 万英镑提高到了三千多万英镑，同时员工跳槽率也从初期的 30% 降到了 4%，现在，公司员工达到了一千八百多人，为世界各国的银行系统提供外包服务和软件。而其成功的原因，就在于里贝特的新管理战略。如果有新员工进入公司，他会在第一天收到鲜花和贺卡，欢迎他加入公司，成为公司的一员。公司举办的年度表彰大会和庆祝大会，员工都可以携家属一同参加。只要家里有急事，家属都可以自由进出公司的办公室。而且，公司还为经常出差的员工提供礼物，当其出差次数积累到一定程度，公司经理会亲自出面向其颁发礼物并表示感谢，感谢他为公司做出的贡献和牺牲。如果公司员工需要出席孩子所在学校举办的家长活动，员工可以在下午提前下班。这一系列的举动赢得了员工的忠诚，员工的效率和创新精神明显比竞争对手要好，这也使得公司的业绩一直保持着快速的增长。

先锋软件公司的例子说明，对员工进行情感投资，实施人性化的管理，可以增强组织的战斗力。在一个有情感维系的良好人际关系的集体中，成员彼此之间更愿意相互帮助、共同努力。这一方面可以最大限度地减少组织内部的矛盾和摩擦，另一方面也有利于组织内部的相互学习、共同成长，有利于问题的解决和管理水平的提高，这也是组织战斗力的源泉。

那如何才能更好地进行情感投资，更好地实施人性化的管理呢？

（1）关注员工的福利。企业为员工提供良好的福利，可以让员工感受到企业对自己的负责和关心，让员工摆脱后顾之忧。在一个生存得到更好保障的地方，员工自然能减少忧虑，卸下来自生活的负担，从而更轻松、更有激情地投入每天的工作中，这也是企业乐意看到的。同时，良好的福利还能帮助企业培养和增进与员工之间的感情，使双方不再只是简单的雇用关系，而是组成了一个利益共同体，共同努力，把事业放在中心。

（2）关注员工的健康。员工的健康不仅是员工的财富，也是企业的财富，身心健康的员工才能焕发出最大的激情。同时，身心健康才能让员工长期为企业发展做出贡献，企业也才能留住这些优秀的员工，那些忽视员工健康的企业行为都是短视而且有害的，只能将优秀员工赶出企业。

（3）建立充满关怀的企业文化。员工是企业的成员，但同时他也是一个自由人，有自己的生活。员工自己的生活状况无疑会影响工作，因而，企业管理者如果希望员工能更好地投入工作中，就应当积极关心员工的生活，必要时帮助他们解决一些生活上的问题，并在管理上为他们提供便利。只有这样，员工才能更好地处理好生活上的事情，也才能以最好的状态从事工作。

总之，企业管理者如果仅仅是从自身利益出发，不考虑员工的个人情况，对员工的生活不管不问，实施刚性的企业管理制度，就无法帮助员工处理好生活和工作之间的关系，还可能加剧员工自身所遇到的问题的严重性。试想，一个心事重重的员工，有心思做好自己的工作吗？

懂得放权，领导有时需要“不务正业”

对于企业管理者来说，懂得适度放权是非常明智的选择。德鲁克认为，任何一个管理者，都没有足够的时间完成他所有想完成的事情。所以，管理者应该学会如何放权让别人去完成一些事情，没必要事必躬亲，尽量减少管理，放手让别人干，才是明智之举。

企业想要做大做强，光靠管理者一个人的力量是不行的，必须全面调动下属的积极性。而要想实现这一点，管理者就要学会适当授权，发挥员工的自主权，让他们为企业的发展贡献自己的力量。但需要注意的是，管理者既然已经授权，就不能对员工的工作事事插手，因为过于仔细地指导只能限制员工能力的发挥，抑制员工的工作激情，最终导致企业发展速度缓慢。因此，一个想要做大做强的企业管理者应当从这种错误观念中迅速走出。

周先生是一家电脑公司的老板，他工作一向很仔细，做什么事情也都是事必躬亲，虽然他有好多下属，但他从不将权力下放给他们，因为他对下属不放心，认为他们做事都很不靠谱。结果，他自己总是忙得焦头烂额，而公司的业务却一直马马虎虎，没有什么起色。

有一次，周先生要到国外出差10天，但他还是一直放心不下公司的业务，生怕被自己的下属给搞砸了。于是，他便将出差前能处理掉的事情全部处理完，并将在这10天里可能发生的事都列在笔记本上，然后才动身出国。可即便是这样，他还是放心不下，最后导致国外的工作出现了失误，只好延长了出差时间。

可在这么长的时间里，周先生每天还是会担心自己不在时公司会发生什么事？担心那些“不值得信赖的员工们”在这段时间都做了什么？但苦于长途通话很多事情也讲不清楚，所以也只能耐着性子等待国外的事情办完。

终于，周先生从国外回来了。可让他感到惊讶的是，在他不在的这段时间里，公司的业绩不但没有下滑，反而有了明显的上升趋势。询问之下才知道，是员工们自发地承接了自己一直紧抓的业务链，并通过各自的创新和努力为公司创造了新局面。

在这个案例中，周先生在不得已的情况下离开了公司一段时间，回来后却意外发现了员工们的才能和潜力，也知道了自己一直以来的担忧是多余的。其实很多时候，管理者并不需要什么事都亲自操刀，把工作放手交给员工，也许你会发现另一番景象。俗话说“独木不成林”，当你的下属也都长成参天大树的时候，你就可以实现轻松管理了。

在《三国演义》中，诸葛亮虽然有“智圣”之称，但他也为自己不懂授权于人付出了代价。为了报答刘备的知遇之恩和托孤之重，诸葛亮以“鞠躬尽瘁，死而后已”的态度来工作，真正做到了事无巨细，事必躬亲。如此高强度的工作很快击垮了他的身体，导致他 54 岁就撒手人寰，给世人留下了无尽的遗憾。更糟糕的是，由于很多工作都是诸葛亮一手把控，导致他去世之后蜀国无可用之人才，所以很快就覆灭了。

事无巨细都要亲自过问，这是很多管理者的共性。其实你大可不必如此，有时候放手交给员工去做反而会收到意想不到的效果。在领导的监督之下，员工常常会感觉不自在，大脑的思维也会被禁锢住；而当领导离开时，他们才会嘘一口气，从而心无芥蒂地开展工作。所以，管理者在授权时应做到用人不疑，给员工自由发挥的空间，让他们全身心投入工作中，并充分发挥各自的聪明才智。

管理者的放权还可以营造出企业与员工之间的信任感，让企业的组织结构扁平化，更能促进企业全系统范围内的有效沟通。权力的下放也可以使员工相信，他们正处在企业的中心而不是外围，会觉得自己在为企业的成功做着贡献，积极性将空前高涨，潜能也能被激发出来。

总之，在这样一种积极向上、愉悦的氛围中，员工不需要通过层层的审批就可以采取行动，参与的主动性大大提高，企业的目标也可以更快地实现。

耐心沟通，打开员工的内心世界

在德鲁克看来，管理者对员工进行管理，彼此之间不可避免地就得进行沟通。通常而言，管理者与员工沟通往往会产生截然相反的情况：要么是管理效果非常好，要么是管理效果非常糟糕。事实上，沟通在管理中是一件非常考验管理者耐心的交流技术。虽然管理者与员工进行沟通需要具备一定的耐心，但也不要以为沟通就是一件多么难的事情。在德鲁克看来，管理者只要掌握了与员工沟通的要领，与员工交流起来不仅会得心应手，还会让自己的管理效果足够明显。德鲁克曾经表示，在管理中，耐心的态度才是管理者和员工沟通最重要的因素，所以管理者和员工之间进行的任何沟通都不能离开耐心，而管理者想要打开员工的内心世界，就需要用耐心对其实施管理。

德鲁克在雪佛兰汽车公司担任名誉管理顾问期间，成功地将自身总结的管理决策运用在了管理中。雪佛兰汽车公司技术部有一名老员工，他在日常工作中很少和别人合作，总是表现得我行我素。在德鲁克看来，即使这样的人技术再好、能力再强，也是不容易对其实施管理的，而从长远来看，这样的员工也会给企业发展带来不利影响。

后来经过打听，德鲁克弄清楚了这名员工的住址，并准备登门拜访他。对此，很多人都劝德鲁克最好不要去（在这些人看来，他不会见德鲁克），但德鲁克还是决定在工作之余去拜访他。他家里有一个3岁的女儿，那天德鲁克过去拜访他的时候，看到他的女儿坐在地板上画画，于是，德鲁克对这名员工说："小家伙真可爱，我能教她画画吗？"起初，这名员工虽然不愿意，甚至对德鲁克产生了排斥心理，但德鲁克的好态度最终还是使他答应了。于是，德鲁克就蹲在地板上教这名员工的女儿画画，画完后，这名员工说了一句："请你把画的老虎的画放在窗台上吧。"

德鲁克听完这句话后感到非常奇怪，他认为将老虎模样的画放在窗户上特别不好看。但这名员工说："这样做的目的是为了驱邪，还可以带来好运。我的很多朋友都说这间屋子里有邪气，需要用猛兽来避邪。"此时的德鲁克更加感觉奇怪，他心想：这个技术过硬的老员工竟然那么迷信。为了让老员工袒露心声，德鲁克和他攀谈起来。在沟通的过程中德鲁克得知，这名员工的妻子在一年前病逝了，他面对这一家庭的突变感到不知所措。在这种情况下，他含辛茹苦地带着年幼的孩子，还得承受工作方面遇到的巨大压力，所以这名员工的情绪波动比较大，脾气也非常急躁。

在接下来的沟通中，德鲁克继续用平和的语气询问这名员工为何在工作中我行我素。这名员工将他和其他员工的意见不统一、其他人对他存有偏见等情况告诉了德鲁克，德鲁克对其话语也进行了分析和甄别，认为导致这名员工不愿意和其他人合作的根本原因是双方之间存在一定的意见分歧。意识到这一点后，德鲁克知道了管理中要改进的地方，于是在此后的管理中，他通过对员工定期的培训，以及用让员工之间进行充分的沟通和互动的方式，让其化解了工作中与其他员工的分歧，而这也让德鲁克进行的管理工作产生了良性作用。

从上面的事例中可以看出，管理者无论与任何员工沟通，只要保持耐心，就能成功。相反，那些缺少耐心并表现得操之过急的管理者是很难和员工交流成功的。在德鲁克看来，管理中的耐心沟通最起码的要求就是要学会认真倾听员工的谈话内容，因为在一定的情况下，员工很愿意向一个知心人倾诉自己内心不为人知的事情，而这时候如果管理者可以做到耐心地倾听，双方之间进行的沟通就等于成功了一半，这样无形中也为此后进行的管理奠定了良好的开端。假如德鲁克没有用耐心的方式去和员工交流，而是急切地想尽快达到管理的目的，在沟通的过程中表现得过于急躁，那么，他不仅不能成为这名员工值得信任的人，还不会达到自己管理的目的。

可以说，在管理中，总是会遇到不同类型的人或事，管理者耐心地和员工进行沟通就是彼此之间有效沟通、建立良好关系的润滑剂。其实，耐心地沟通还可以有效化解彼此之间产生的陌生感，快速拉近员工与管理者之间的心理距离，并有效地促进彼此之间的友谊。

在很多时候，虽然和别人交流是打开对方心理大门的一把钥匙，但是一个人的心理大门并不是可以很轻松就能打开的，这时耐心在沟通中就被凸显了出来。而当管理者有了耐心后，也才能在与员工沟通时静下心来去倾听员工的谈话，才能更真切地听出员工话语里、内心世界里深藏的含义，也才能更加方便地对其实施管理。

因此，德鲁克一直将有效沟通视为管理的一项决策。在他看来，管理者要想让管理水平发挥到极致，就需要运用一定的决策，而有效沟通是一种连接管理者和员工之间关系的纽带，这条纽带不仅可以让管理者轻松地对员工实施管理，还可以为企业的全局发展提供帮助。

相信员工，你有更重要的事

德鲁克在《卓有成效的管理者》一书中说道，最有效的管理是知道如何将自己的时间集中在一些重要的任务上。这些重要的任务是企业的战略目标、人事决策、发展方向等。一个人的精力总归是有限的，管理者在某方面花费了过多的时间，那么他留给别的事情的时间必定就会减少。按照这一原理，如果企业管理者事必躬亲，这就肯定会花去他很多的时间，那么他在思考企业战略、人事调整等重要工作上的时间必然会相应减少，这时候，损失将是不可弥补的。

很多的企业管理者都是从普通职员一步一步地晋升到管理层的，对于这样的管理者，他们总是找不到最能胜任工作的员工，因此他们拼命地付出，但结果往往并不尽如人意。因为在他们的眼里，下属越来越“无能”……其实，企业中的绝大多数人都是无可替代的，不要希望你自己能够替所有人完成任务，事实上，每一个人都能够完成自己的任务，关键是你给了他多少权限。

权力是一种管理的力量，所以权力的利用要遵循管理规则。一个高明的企业管理者知道自己该怎么做——什么时候要收权，什么时候要放权。很多企业的管理者因为对于自己的能力过于自信，或者因为对其他人的能力太过于不信任，因此不会给予任务和责任的承担者太多的权限——让他们去完成任务，却不给他们完成任务的自由，结果使任务和责任的承担者在完成任务的过程中处处受制，最后导致任务和责任都难以落到实处。

雪米丽在一家油漆生产企业做了6年的普通职员，在这6年之中，雪米丽负责的工作只有一项，那就是给油漆罐子贴上商标。由于雪米丽是一个对工作非常勤恳认真的人，因此她在工作中总是一丝不苟，即便就是一个贴商标的工作，她也努力做到最好。虽然雪米丽在工作中非常努力，但是由于她负责的工作实在是非常不起眼，因此她一直都没有受到管理层的注意。

就在雪米丽日复一日地重复着自己的努力和认真时，命运之神将手中的橄榄枝伸向了她——企业的总裁发现产品上的标签贴得不一致，但总有那么一批次的产品标签贴得特别端正，而且产品标签上的塑料薄膜几乎没有脱落的，总裁决定找出这个认真工作的员工。

一天，总裁将整个贴标签组的员工全部召集了起来，发给他们每人100个没有贴标签的产品，让他们以最快的速度贴上标签，贴得最快的人有机会和总裁共进午餐。和公司总裁共进午餐，这是一项多么大的荣誉啊！于是，所有的人都开始迅速地给自己面前的产品贴标签。很快，就有人第一个贴完了，总裁走到那位员工跟前拿起贴好标签的产品看了看并摇了摇头，等第二个贴完标签的人站起来之后，总裁走过来拿起贴好标签的产品看了看，又摇了摇头，此后第三个、第四个……直到雪米丽贴完之后，老板才没有摇头，而是脸上露出了微笑——雪米丽就是他要找的那个人。自从跟总裁共进午餐之后，雪米丽就成为这家企业的质量督察部的主管。

在上任这一岗位之前，雪米丽先是接受了半年的培训。在上岗之后，雪米丽对待工作非常认真仔细，因为她做了6年的普通职员后才有了今天的职位。一开始，雪米丽还能够勉强信任属下员工，但是在接连出了几次小岔子之后，雪米丽便开始不放心属下的员工了，而是凡事都亲自参与，几乎可以用事必躬亲来形容。就这样过了一段时间后，雪米丽负责的部门又接连出了几次事故，因为雪米丽一个人根本干不过来本部门所有的工作，因此她的部门便开始接连发生事故。在这种情况下，雪米丽的工作陷入了一种恶性循环之中，工作越做越多，也越做越累，而且事故也越来越多，而导致这一切的原因是雪米丽不给下属员工任何权限，什么事情都不能放心所造成的。最后的结果是：雪米丽又回到了她干了6年的贴标签职位上，因为总裁告诉她：“一个不懂得放权的企业管理者是不合格的，你最适合的工作就是给产品贴标签。”

企业管理是一门非常不简单的学问，没有任何一个企业管理者敢说可以凭借自己一人之力就能做好一个企业，所以，企业管理者在管理的过程当中学会放权就显得非常重要。管理学界有这样一句名言："管得好的人往往都是管得少的人。"可见，企业管理者进行适当的放权不但能够让自己更轻松、更胜任企业的管理岗位，同时也能够让企业获得更好的发展势头。

在管理中，德鲁克再三强调，任何一个管理者都不可能完成所有的工作，所以，管理者要懂得授权让下属去完成一些事情。管理者如果事事亲力亲为，只会让自己毫无效率可言；另一方面员工在这样的管理者手下工作，也不可能有激情，事事都得向领导请示，也会导致决策的滞后。

美国诺顿百货公司成立于1963年，业绩在10年中增长了10倍，销售额达到40亿美元，创下了每0.09平方米店面销售额400美元的业绩，这种业绩的获得源于诺顿公司主动服务和充分授权的企业文化。在诺顿，领导者总是站在一线员工的背后，不断支持和主动协助员工去搞好服务工作，而一线员工用不着层层请示，就可以自主决定怎样做。关于这种大胆授权，诺顿公司明文规定：树立远大的个人和事业目标，诺顿公司的第一原则是，运用自己的良好判断力处理一切。此外再无第二原则。有了这种授权，一线员工在"说一不二"的退货制中发挥了巨大的作用。试想，如果一线员工没有充分的权力，客户在买到商品之后退货还要向上级请示，那么这家公司也就不能发展成今天的规模。

有一次，诺顿百货的男装部营业员梅萨收到一封来自瑞典制造公司经理的信函，称他在这里买了一件2000美元的衬衫，失误放入热水中洗涤缩了水，请教梅萨有什么好的专业建议，该怎么办？梅萨当即拨通了瑞典的国际长途电话，告知那位顾客，可替他免费退换，只需将缩水的衬衫寄来，全部邮寄费用由公司承担。

正是这种充分授权，让员工在处理问题时可以“自作主张”，并且也让员工满足了一回自己做决定的成就感，而没有了事事请示的打扰，管理者也有更多的时间来考虑企业的发展问题。

有魅力的领导，不在技能在品格

在德鲁克看来，身为管理者一定要具备一种品质，那就是要有良好的品格。如果管理者没有优秀的品格，即便他在其他方面再才华横溢、能力再强，也无法做好一个管理者，更不配领导一个企业前行。

具有这种优秀品质的管理者要求下属一丝不苟，也严格要求自己；他建立高标准，期望下属能够始终维护高标准；他只考虑怎么做才正确，绝不因人而异。所以，这种管理者也许冷酷、不讨人喜欢、要求严苛，但是他培养了很多人才，他也因此会比其他人缘好的上司赢得更多敬意，这种管理者才是最有魅力的。

海尔的张瑞敏曾说过："管理者要是坐下，部下就躺下了。"优良的示范是最好的说服，以身作则的目的，就是通过管理者的示范作用，来让公司的员工完全遵从公司的规章制度。

2007 年，温州商界邀请柳传志去参加商业交流会。可是，在交流会的前一天，温州突降暴雨，柳传志乘坐的飞机只好在上海降落。当时温州商界的负责人对柳传志说：“您明早再乘机前往交流会现场吧。这样的天气出发太危险了！”可是柳传志担心明天飞机会再次出现延误，便自己做主，找了一辆车，连夜赶往温州。

于是，在第二天早上 6 点，柳传志到达了温州，并按时出现在了会场，温州商界的负责人被柳传志的行为深深感动了。

事后，很多采访者都向柳传志询问此事，柳传志笑着答道：“诚实守信是联想的文化底蕴，谁都不能破坏它。作为联想的领导者，我只有率先做出表率，我的员工才知道该怎么做。”

在第九届中国企业“未来之星”年会上，柳传志说道：“以身作则是说服他人的唯一途径。因此，企业领导者只有以身作则，才能管住员工。”在联想集团，柳传志还曾明确规定：“员工的子女通通不允许进入联想集团工作。”

柳传志为什么会做出这样不近人情的规定呢？他解释道：“如今身居联想集团高位的领导者，他们的子女中有 80% 以上学的都是和计算机有关的专业。如果把这些人安排到公司里来，那么家和企业就真的无法有效区分了。”

而且为了服众，柳传志率先做出了表率，他不仅没有让自己的子女来联想集团工作，对自己的亲戚也是如此要求。在柳传志的影响下，联想集团管理层都打消了引荐子女入职的念头。

其实，企业领导者的表率作用是非常大的，如果高层领导做出了破坏制度和规定的事情，就会给下属犯错找到一个绝好的借口。这样一来，企业的内部管理很可能就会陷入混乱。

罗曼·罗兰曾说过，人要提高自我修养必须通过自我反思。只有懂得自我反思的人才有资格去影响别人。

这一道理同样适用于企业领导者，企业领导者只有先管好自己，才能影响员工。如果领导者放任自己，做事随心所欲，那么员工也会随性而为，这显然是不利于企业发展的。

英国有一句谚语："好人的榜样是看得见的哲理。"一个优秀的榜样，能够为其他人树立学习的典范，就像茫茫大海中的灯塔，为轮船指明前进的方向，使其不至于迷失在海中。同样，一个管理者如果不能以身作则，为下属树立良好的榜样，往往会导致"上梁不正下梁歪"，使企业走向衰败。所以，管理者首先应该做好自我管理。

管理者的品格也许很复杂，但是一定要优秀，这样的管理者才能成为下属的标杆，也才能对下属具有一种无法比拟的魅力。

1994年秋天，英特尔公司已成为年营业收入上百亿美元的全球最大芯片供应商。此时英特尔公司正在研发的最新一代奔腾（Pentium）处理器，已经到了快要投放市场的时候。这时由于市场一致看好英特尔新一代处理器，加上公司密集的宣传活动，英特尔公司股价暴涨，但就在英特尔公司的管理者们为股价的升值欢呼雀跃的时候，有关奔腾处理器浮点运算有瑕疵的传闻出现在了互联网上。起初，英特尔公司的高级主管（包括格罗夫在内）并不是很在意，虽然芯片存在瑕疵，但并没有想象中的那么严重，格罗夫认为，每90亿次运算才会出现一次四舍五入误差。也就是说，要用27000年才可能发生问题。

正是格罗夫的这种不负责任的态度，使这件小事成了各大媒体争相报道的要闻，尤其是《纽约时报》用半大标题刊登出来，导致大多数消费者（用户）不满，结果投诉电话排山倒海而来，简直要轰垮整个英特尔的办公大厦。

在媒体和消费者的压力下，格罗夫只好承认奔腾处理器确实存在瑕疵，但他认为并不碍事，于是他写了一份洗刷宣言发到网上，详细说明奔腾处理器的微小瑕疵并不会给产品质量带来多大的影响。格罗夫的这种行为激怒了消费者，他们怒气冲天地要求退换芯片，同时，也正因英特尔公司的这种不负责任的行为，IBM 公司决定停止出售配有奔腾芯片的电脑，这对英特尔公司来说犹如晴天霹雳。此时，格罗夫才意识到，只有实事求是、有错就改，才能使公司的危机得以解除，于是英特尔立即宣布全面召回产品，回收更换了数十万芯片，这才度过重大危机。

诚实是管理者优秀的品质之一，一个对市场和员工不讲求诚信的管理者只会受到市场和员工的抛弃。

能力强的人有很多，但是能成为领导者的人很少，因为如果缺乏优质的品格，即使他的能力再出色，人们对他的印象也会大打折扣，他的威信和影响力也会受到影响。所以德鲁克再三强调，领袖魅力源于能力和个人品格。

Part 9

时间管理：给时间下个定义，做事效率才会高

先把时间管理好，再安排其他事务

德鲁克认为，卓有成效的管理者非常注意管理自己的时间。企业要想在这个充满竞争的社会中生存，如果整天闭门造车，对竞争对手和整个市场的情况不了解，就绝对不会获得长足发展，有竞争才能更好地促进发展。所以德鲁克得出这样的结论：时间正是竞争的有力保证，拥有更多的时间就意味着有更多的机会。

越来越多的管理者已经参透，时间管理是事业成功和企业发展的关键。个人和团队能否在自己的职业生涯中取得成功，关键就在于管理好时间。身为管理者，能够管理好自己的时间，就是最高层次的管理。

在美国企业界，能让时间发挥最大效能的企业家中，摩根绝对是最好的例子。

走进摩根的办公室，就会发现摩根的办公室和别的管理者有明显的不同。摩根的办公室和其他人的办公室是连接着的，他这样做不是为了能更好地监督员工，而是为了节省时间，因为办公室相通之后，经理们有什么事需要请示，能够很快走到摩根的办公室告诉他，而不是像别的管理者一样让经理们进自己的办公室之前拐几道弯、敲几扇门。

摩根在与人会面的时候，会直截了当地问对方有什么事情要处理，他一般只说几句，他的经理们全都知道他是什么样的作风，因此，在给他做汇报的时候，都会简洁干练地说明问题。他与人的聊天时间一般不超过5分钟，即使是总统来了，他也一样对待。

摩根最绝的是他有着惊人的洞察力，能立即判断出来此人找他的真实意图是什么，能一见面就知道来人找他是什么事情，于是他会很干脆地告诉对方处理的办法以及处理的步骤。他之所以这样做，就是为了把不必浪费的时间全部节省下来，好让他的时间全部都能高效率地使用起来。当然他的这种珍惜时间的作风也会让他周围的人感到不愉快，可是对摩根这样的巨商来说，有时间赚钱比任何问题都重要。

在犹太人的赚钱智慧里，时间就等同于金钱，因为他们认为，时间和商品一样，盗窃了时间，就等于盗窃了商品，也就是盗窃了金钱。歌德曾说："我们都拥有足够的时间，只是要好好地善加利用。一个人如果不能有效地利用有限的时间，就会被时间俘虏，成为时间的弱者。一旦在时间面前成为弱者，他将永远是一个弱者。因为放弃时间的人，同样也会被时间放弃。"

对于管理者来讲，只有高效地利用好了自己的时间，才能让自己的工作卓有成效起来。

德鲁克提出，所谓恰当的时间管理，就是在最短的时间内，把事情做到最好。如果你不知道这对我们意味着什么，那么下面通过德鲁克整理的一组数据，我们来看看，时间都去哪儿了。

> 美国的有关部门曾做过一个调查，调查的结果显示：人们基本上八分钟左右就会受到外界的一次干扰，每天会受到50–60次的干扰，每次大约五分钟，这样，一天受外界干扰的时间就在四小时左右，而且这些打扰中的大多数都是没有意义的。但是，如果我们能够每天抽出1个小时自学，一周学习7个小时，一年学习365个小时，那么在3～5年后，你就会成为这个领域的专家。

看到上面的这些数字，你是否很震惊，但这就是善于利用时间的人和不善于利用时间的人的差别。善于利用时间的人，从来不会把时间浪费在“需要”做的事情上，而是会把所有的注意力放在“值得”去做的事情上，这是我们每个人都值得学习的。

相信大多数人也都有这样的经验：如果我们每天只完成一件事，大多数的时候，这件事情都能完成，哪怕是两件事，也基本可以完成。但若是你今天安排了十几件事，到最后，会发现大多数都无法完成，而且自己还会很劳累。

德鲁克说：“卓有成效的管理者懂得：要使用好他的时间，他首先必须要知道自己的时间实际上是怎样花掉的。”

你如果不知道自己的时间是否被无缘无故地浪费掉了，那么，就让德鲁克带我们来做一个关于时间管理的测试吧。

下面的每个问题，请你按照自己的实际情况，如实评分。

计分方式为：选择“从不”计 0 分，选择“有时”计 1 分，选择“经常”计 2 分，选择“总是”计 3 分。

（1）在每天开始工作之前，我是否能为要做的工作做准备。

（2）凡是能交给下属做的工作，我是否都能把任务交出去。

（3）我制作并利用工作进度表来对工作任务与目标进行书面规定。

（4）我的日程表通常留有回旋余地，以便应对可能出现的突发事件。

（5）我尽量一次性地处理完每份文件。

（6）我在工作时尽量回避造成干扰的电话、不速之客的来访以及突然提出的约会。

（7）我试着按照自身生理节奏变动的规律曲线来安排工作。

（8）我每天都列出一个应办事项清单，按重要程度来排序列，依次处理。

（9）当其他人想占用我的时间，而我又必须处理相对来说更重要的事情时，我会直接说“不”。

结　论：

0–12 分：你没有时间规划这个概念，总是让别人牵着鼻子走。

13–17 分：你曾经试图掌握自己的时间，却不能坚持到底。

18–22 分：你的时间管理状况基本良好。

23–27 分：你是值得别人学习的时间管理典范。

调查表明：一个效率低下的人与一个效率突出的人，会有 10 倍以上的差距。因此，但凡要想成功，就必须掌握时间管理的方法和理念。

时间也分先后，把重要的事情放前面

合理地利用时间是每一位管理者追求的目标，但是要怎样利用时间才算合理呢？德鲁克说，有效的工作者他们大多不会一开始就直接着手工作，而是会先进行合理的时间安排。所以，合理利用时间的前提就是要会安排时间。

“第三代时间管理”法讲求优先顺序的观念，也就是依据轻重缓急设定短、中、长期目标，再逐日制订实现目标的计划，将有限的时间、精力加以分配，争取最高的效率。所以人类潜能导师柯维说，如何分辨轻重缓急与培养组织能力，是时间管理的精髓所在。

其实，在我们所经手的许多事情中，决定事情成败或者我们工作成效的往往就是那一两件事，所以，把那一两件事情做好就显得异常关键，因此如果我们能把时间利用在那一两件事情上面，那么就是一种高效管理时间的方法。如有一家公司为了提高开会的效率，老板买了一个闹钟，开会时每个人只准发言 6 分钟，时间一到，闹钟就会响起来。这个措施大大地提高了开会的效率，因为每一个发言人为了能在 6 分钟之内把自己的看法表达清楚，他们不会讲废话，而且这 6 分钟内讲的全部是最重要的事情。

杰克身为一家公司的董事长，是一个很会管理时间的高手。他每天早晨 7 点钟准时来到办公室，先是默读半个小时经营、管理、哲学类的书籍，然后便全神贯注地思考本年度内必须完成的重要工作，以及所需采取的措施和必要的制度；接着开始考虑一周的工作，这是一项十分重要的工作，他把本周内所要做的事情一一列在黑板上；之后就在去餐厅与秘书一起喝咖啡时，把这些考虑好的事情和秘书一起商量，然后做出决定，由秘书具体操办。正是这种时间管理法，杰克极大地提高了自己的工作效率，推动了企业整体绩效的提高。

德鲁克说，如果你想获得更大的成绩，而不是成为一个庸庸碌碌的无事的人，你就需要抛开那些低价值的活动，将你的时间花在高价值的活动上——那些真正能给你的生命带来成功和喜悦的事情上。这些能给你的生命带来成功和喜悦的事情就是最重要的事情，把时间花在最重要的事情上就是对时间的一种最好管理。时间对于每个人来说，都是过得飞快的，它不会因为人的叹息而停留，也不会因为人的感慨而驻足，但会因为人的努力抓住而产生最大的效率。

很多管理者会觉得自己花了许多的时间，从早忙到晚，不但在工作时间忙个不停，而且经常加班加点。表面上看，他们好像很努力，很会利用时间，但事实上并非如此，很多从早到晚忙个不停的管理者的工作绩效并不突出，有些还相当低。这是为什么呢？其实就是因为他们每天都在瞎忙。要把时间留给最重要的事情而不是瞎忙，要高效率地利用时间，使每一分、每一秒都产生最大的效益。

效率大师艾维利曾经在向美国一家钢铁公司提供咨询时提出一个时间管理的方法，这个方法使这家公司用 5 年的时间，从濒临破产的状况一跃成为当时全美最大的私营钢铁企业。艾维利也因此获得了 2.5 万美元咨询费，因此管理界将这种方法比喻为“价值 2.5 万美元的时间管理方法”。

那究竟是什么样的“魔法”让这家企业能起死回生呢？其实，这个“魔法”就是有效的时间管理。它要求管理者把每天所要做的事情按重要性排序，分别从“1”到“6”标出 6 件最重要的事情。每天的工作一开始，就先全力以赴做好标号为“1”的事情，直到它被完成或被完全准备好，然后再继续全力以赴地做标号为“2”的事，依此类推……

为什么是“1”到“6”呢？艾维利认为，在一般情况下，如果一个人每天都能全力以赴地完成 6 件最重要的大事，那么，他一定是一位高效率人士。

成为一个高效率的管理者到底有多难？其实，只需要辨别出什么事情是“1”，你也可以成功地掌握高效“魔法”。首先我们应当对要做的事情分清轻重缓急，也就是四个区间——重要且紧急的、必须立刻做的、影响企业发展的事情；重要但不紧急的、影响企业发展进程的事务；紧急但不重要的、无关大局的事情；既不紧急也不重要的琐事。

德鲁克认为：“（卓有成效的管理者）要有足够的勇气，要敢于根据自己的分析和认识安排工作的先后次序。只有这样，管理者才能有希望成为时间和任务的主宰，而不只是当它们的奴隶。”

小陈曾是一名学习成绩很不错的学生，老师们都对他寄予厚望。果然，高考时，他也不负众望地考取了一所名牌大学。然而，就在接到录取通知书的时候，小陈退缩了：因为在他们那个贫穷的村落，他的家庭勉强能够满足基本的温饱需求，那笔昂贵的学费以及上学后每月高额的生活费，是那个贫困的家庭无力承担的。即使家里举债支付了学费，他也不想以贫穷和落后的姿态走进学校，最终他决定，先南下打工一年，等挣足了学费后再重新考大学。

这个提议显然被所有人反对，但小陈谢绝了所有人的劝告，背起简单的行李毅然南下。在打工的第一年里，他拼命地挣钱，省吃俭用，终于如愿以偿挣足了学费，然而他却想再坚持一年，多挣一些钱，可以让自己能生活得更好些，也能给家里留下一些积蓄，于是第二年，他更加努力，结果不到半年就完成了自己一年的任务，受到激励的他感觉自己是经商天才，于是更加努力地工作。

到了第三年，当他以一个富有者的姿态回到家乡，重新坐在教室里准备重圆大学梦时，才发现原先熟悉的课本和知识已变得陌生和模糊，随着教育的改革和发展，自己原本尖子生的优势尽失，半年后，他失败地离去。

要知道，时间是不能停顿的，生命的顺序也是不可调整的。如果我们用今天的时间去做明天的事，那今天的事情就会被搁置，而且失去的也远远不只是一天而已，也许一生的进程会因此被打乱并且失去原本可以收获的成功。所以，德鲁克指出，很多时候我们的失败源于操之过急，要知道，把手头的工作做好是迈向成功的第一步。

我们在记录和分析并且安排出来可以做事的时间之后，接下来需要做的，就是做出成果和有所贡献。德鲁克认为，高效能的秘诀就是“专注”。换言之，重要的事情摆在第一位，而且一个时间段内只做一件事。

只做一件事意味着能够迅速完成任务，而越是能够集中时间、心力和资源去完成每一件事，在最后完成的任务就会越多。德鲁克指出，找出优先完成的事项其实很容易，许多主管之所以无法专注，困难便在于找出哪些是次要的事，亦即决定什么事不要做。到了执行的阶段，决定事情该做与否，需要的不是分析，而是勇气，而这种专心致志和决心，就是领导力的表现。

其实，对于时间管理，德鲁克早已发出警语：“时间是最稀有的资源，除非能够管好时间，否则无法管好任何事情。”时间管理也是一个管理者卓有成效的首要任务，德鲁克还告诉我们：“这是一项可以学习的纪律，只要我们开始分析自己的时间，做真正重要的事，而且有说‘不’的勇气。”

很多事情，如果我们不能很好地把握住轻重缓急的区分方法，那么重要不紧急的事情就会被积压得越来越多，最后都演变成了重要而紧急的事情，既使管理者忙得团团转也不见得能把事情做好。所以，计划时间的时候要分清楚事情的轻重缓急，必须要先找出来需要做的事情，专心专注地逐一去完成每件事，在尽可能的情况下做好从“1”到“6”。

只有分清了轻重缓急，管理者才能更好地利用时间，为员工进一步合理地安排任务，才不会被时间左右了工作。

时间如此宝贵，不能虚度任何一秒

现在，我们每天起床的第一件事，基本都是拿出手机，像批阅奏章一样一条条地刷着朋友圈，给这个留个言，给那个点个赞。出门上班时，也是低头玩着游戏或者看着电影。低头族，已经成了现代社会的一个困扰。

德鲁克告诉我们，这就是普通人和成功人士的区别。成功人士的身心都放在一件事上，无时无刻不在思考着如何能将它做得更好，而普通人，每天无时无刻不在浪费着时间，想着怎么才能让时间过得更快些，下班更早些。

在现代职场中，依然有很多职员和企业领导对时间概念非常模糊，而且好像还都有自己合理的理由。其实，这是没有时间观念导致的结果。德鲁克认为，时间就是成本，在还是职场新人的时候就养成时间观念，将会有助于以后的晋升和工作效率的提高。如果你想做一名好员工，以后想成为一位好领导，那就应该增强时间观念，不要虚度工作中的每一秒钟。

古人云：“一寸光阴一寸金，寸金难买寸光阴。”对于那些除了聪明没有别的财产的人，时间是唯一的资本。可以说，时间就是生命，浪费时间就是浪费生命，主宰时间就是主宰生命。因此，我们应好好珍惜它、经营它、利用它，使它发挥出应有的潜能和作用。

年轻的阿曼德·哈默正是因为不虚度生命中的每一秒，所以取得了举世瞩目的成就。阿曼德·哈默 19 岁时，父亲患了重病，没有精力照顾和管理公司，就将与别人合办并且面临倒闭的公司交给了他经营。当时的阿曼德·哈默还是大学一年级的学生，他将公司全部买下之后，既要合理安排时间学习，又要好好管理公司，于是，他就面临着怎样将一个即将倒闭的公司扭亏为盈，怎样将读书和工作很好地结合起来这样一系列的问题。显然，这些对于年轻的阿曼德·哈默来说，可谓是一个重大的挑战。

平时，阿曼德·哈默都要花大半天的时间去工作，而不能去听所有的课程，于是，他请了一个同学替他在课堂上做好笔记，以便他晚上工作回来后学习。这样，他就既可以把更多的精力和时间放在工作上，不受约束地去经营公司，又能不耽误大学的课程。最后，由于他不虚度工作中的一丁点儿时间，又经营有方，公司的效益非常好。但在那段时间，阿曼德·哈默每天都必须精确地分配时间，每天在照顾和经营公司的同时，还要抽出几个小时集中精力钻研同学为他抄下来的笔记，工作和继续学业使他懂得了时间的宝贵。

由于善于管理时间，不虚度每一秒钟，阿曼德·哈默在工作上取得了惊人的成绩。22 岁那年，他的公司纯利润超过了 100 万美元，他也成了一名年轻的百万富翁，当然，他也顺利地修满了医学学士学分，获得了哥伦比亚大学医学学士学位。

阿曼德·哈默之所以能够如此高效——工作和学业双丰收，完全得益于他高超的时间经营艺术——善于珍惜时间、利用时间、不虚度一分一秒。

时间的重要性是如此突出，只有不虚度光阴、善于利用时间、珍惜时间的人，才能更加接近成功，才能取得更高的工作效率。但是我们每个人每天只有 24 小时，怎样才能胜人一筹呢？那就是要珍惜每一秒，争取在单位时间内创造出更多的价值。

那么，具体到工作中，我们怎样才能做到不虚度每一秒呢？你可以参照以下做法：

（1）合理安排时间。时间对每个人都是公平的，谁也不多，谁也不少。同样的时间里，有的人可以高效地完成事情，原因就在于他们通过事前的时间安排来赢得时间。

（2）分清次序。按照事情的轻重缓急安排时间，并确定依次处理事情的方式。

（3）制订第二天的工作计划。在准确地制定目标之后就该制订时间计划了。

（4）留有计划外的时间。不要过分安排自己的事情，若把一天的时间都安排得满满的，没一点儿空闲，那么一旦出现一种不可预料的事，就会打乱全部日程。

立刻执行，是最高效的时间管理

德鲁克认为，无论时代再怎样变化，也无论企业需要怎样的变革，身为管理者，在任何时候都要知道如何管理自己的时间。当一位要把工作留到晚上加班才能完成的管理者可以说是没有效率的，换句话说，也就是执行力不到位。真正卓有成效的管理者是不会拖延的，因为拖延是高效率的大敌。

我们思考一下，在工作中是否有这样的习惯——本来这个事情应该今天做，但当打开电脑正准备做的时候，忽然内心另一个声音告诉自己，今天这么累了，放到明天做吧！结果，你就听从了这个声音，关闭了电脑，去开始自己的休闲生活了。其实，我们在生活中有很多这样的时候，也有很多重要的事情，不是没有想到而是没有立刻去做。我们总是能找到各种借口和理由，去拖延，去逃避责任。我们总是想着“有空再做，明天做，以后做”“再等一会儿”“再研究（商量）一下”，一直在为拖延找借口。其实，我们真正要解决问题，只有一个方法——马上行动，一分钟也不要推迟。

德鲁克说过，有时候即使只是推迟一分钟，也许好事就会变成坏事。实际上，职场中每个人都有拖延的坏习惯，只是拖延程度的轻重不同而已。但是，优秀的员工会将这种冲动扼杀在摇篮里，他们会时刻提醒自己“绝不拖延，立即行动”。一个工作效率高的人，其秘诀就是该解决的问题立即解决，绝不拖延一分钟。你问题的积累是因为你拖延的坏习惯，面对着日趋增多的工作，你都不知道从哪里下手，最终的结果只会更严重。

因此，德鲁克告诉我们，在工作中，每一分钟都非常重要。拖延时间，只会使我们在“现在”这个时期更加懦弱，并期待于幻想。也就是说，我们总是想着事情能往好的方向发展，但始终都不能取得成功。而且，有拖延心理的人心情总是不愉快，总觉得疲乏，因为应做而未做的事总是给他压迫感，拖延一分钟，并不能节省时间和精力，相反，它会使你心力交瘁，甚至失去工作机会。

约翰·丹尼斯先生曾说：“拖延时间常常是少数员工逃避现实、自欺欺人的表现。然而，无论我们是否在拖延时间，我们的工作都必须由自己去完成。通过暂时逃避现实，从暂时的遗忘中获得片刻的轻松，这并不是根本的解决之道。要知道，因为拖延或者其他因素而导致工作业绩下滑的员工，就是公司裁员的对象。”

但是，现实工作中就是会有那么一些规避责任的人，他们总是消极地对待工作，做事拖沓，效率很低，也不愿意参与竞争。

小李是某咨询公司经理，同时兼任很多公司的顾问。一次，他与某大型企业高级经理一起研究企业组织结构再造的问题，在立项初期，该公司各项准备工作都做得不错：识别、确定关键问题；确立目标，形成策略，起草计划，一步一步都做得很好。小李看到他们的方案后也很满意，于是他放心地离开了该公司。

但是令人失望的是，6个月后当小李再回到那个企业，想看看有什么变化、他们的方案能否解决问题时，小李看到的却还是以前的面貌，从总裁到工人，没有一个人按计划行事。问及原因，经理们解释说："太忙，其他事情插上来了。""与其他人接触不上。""碰上了麻烦，计划搁置了。"小李不禁摇头苦笑，对经理们说："其实，这些都不是原因，真正的原因是你们的工作惰性。如果你们抓紧时间，立项之后立即付诸行动，相信现在绝不会是这样的状况。"

一家大公司竟然如此，可见不能将责任落实有多么大的危害。或许产生这种现象的原因，与企业管理方式有关，但除去这个原因，放在个人层面上看，其实就是拖延惹的祸。换句话说，就是拖延捆住了员工的手脚。因此，每个员工都要在责任的落实过程中保持高效率，不要拖延，这样才能为公司创造业绩，同时也是自己成功的基础。

阿辉、阿城是大学同学，毕业后他们俩同时被一家公司聘为产品工艺设计员。起初，公司给他们的月薪是很低的。

阿辉对低薪水感到愤愤不平，为此，他经常抱怨、推卸责任，还在工作时间和同事聊天，根本没有把工作的事情放在心上，渐渐地，他养成了拖拉的坏习惯，办事效率极为低下。比如，要他星期一早上交的方案，到星期二早上依然尚未做完。经理批评他，他带着情绪工作，把方案做得一塌糊涂，再后来，阿辉根本不去想要怎么把工作做好，而是一味地推卸责任。

阿城则不同：他虽然对低薪也感到不满，但是他并未一味地去抱怨、闹情绪。他坚信，机会来自汗水，一分耕耘，一分收获；只有今天的努力，才能换来明天的收获；机会随时都在你身边；主动负责，实际上就是主动抓住机会。他下车间，熟悉工作流程，他的勤奋努力引起了厂长的注意，不久，阿城就被提拔为厂长助理，而阿辉因为对工作总是一拖再拖，最后被公司解雇了。

担任厂长助理一职后，阿城也没有因此而止步不前，他依然是兢兢业业地做好自己分内的工作。比如，他总是能在第一时间完成自己的工作；一些重要的、紧急的、需要决策的事情，他会及时地向厂长汇报，并且督促各部门及时把工作做好，做到位。在阿城的组织管理和协调下，公司的生产效率得到极大提高。

一个拖延，一个高效，导致两个人的结果不同。社会学家库尔特·卢因曾经提出这样一个概念，叫作“力量分析”。他描述了阻力和动力两种力量。他说，有些人一生就是因为拖延的坏习惯束缚住了前进的手脚；有的人则是一路踩着油门呼啸前进，比如始终保持积极的心态和勇于负责的精神。可以说，他的这一分析同样适用于工作，如果你希望自己在职场中能更好地生存和发展，你就应该把你的脚从刹车板——拖延上挪开，而在规定的时间内把你应该做的工作尽心尽力地去做好。

把时间当成一块饼，划分出每一块大小

作为管理者，你是否有这样的感觉：最近的工作总觉得有点力不从心，似乎每天都有做不完的事情，工作一件接着一件，总是在替昨天还债。规定的时间内没有完成的工作只能通过加班来完成，长期加班导致的疲惫又带来了第二天的效率低下，接下来又是加班……如此往复，工作处于恶性循环的状态。

德鲁克指出，从长远的角度来讲，延长工作时间并不是改善工作效率的正确方法。时间管理者的失误，归根到底是不懂得有效地利用时间，进而导致时间使用效率下降。莫不如试着划分完整的时间区块。

他用这样一个例子来加以说明：

富翁有一幢豪华的别墅，从他住进去的那天起，每天总有个人从他的院子里扛走一只箱子。他决定去追那个人。他发现，那人把箱子卸下来扔进了山谷，他问那人："你从我家扛走很多箱子，那些箱子里装的是什么？"

那人微笑着回答："这些箱子里面装的都是你不经意间失去的时间。"

富豪感到好奇，他顺手打开了一只箱子。

箱子里是一条弯曲的道路，他的母亲在路的尽头静静地站立着，像是期盼着什么。

第二只箱子里面是一间病房，他的妻子奄奄一息地躺在病床上。

第三只箱子是关于他的故乡的。他童年的伙伴都已经老去……

富豪感到非常难过，他痛苦地问："请你让我取回这些箱子，我有钱，你要多少都行……"

那人摇摇头："时间是不能重来的。"言罢，和箱子一起消失了。

德鲁克说："（一个人如果）不能管理时间，便什么也不能管理。"时间和任何东西一样，如果你丢掉那些看来并不重要的部分，只留下你认为有用的，一定也会失去很重要的部分。因为时间与其他事物不同，一旦失去，它便再不能被找回来。

在时间的问题上，德鲁克列举了有名的"三八理论"来为我们加以说明：我们每天的 24 小时，平均分下来是 8 小时睡觉，8 小时工作或学习，8 小时处理琐事。工作或休息的时间，正常情况下几乎人人一样，而人与人之间的不同之处，就在于业余的 8 小时时间怎么度过。

其实，时间是最客观公平的东西，每个人拥有的都一样，不会因为谁权势庞大而增多，也不会因为谁贫瘠而减少。但这并不是说每一个拥有资源的人都能成功，只有善于利用资源的人才会取得成功。

在生活中，许多人在处理日常事务时，完全不考虑完成某件事之后他们会得到什么收益。在这些人眼中每个任务都是一样的，只要时间被填得满满的，没有空闲时间，他们就会觉得是满足的，是创造了价值的。另外，人们都愿意做有趣的事情，而不去理会乏味的事情，这样的人完全不知道怎样把人生的任务和责任按重要程度确定主次。德鲁克这样指导管理者，如果想活得有质量，那么在确定每一天具体做什么之前，都要问自己三个问题：

我需要做什么？明确知道什么是非做不可，而且必须要自己亲自做的事情。

做什么才能给我最高回报？不要去做毫无价值的事情，即便那很有趣味，想要获取更高利益的人应该把时间和精力集中在能给自己带来高回报的事情上。只有优先做那些相对重要的事情，才能有更多回报。

哪一件高回报的事情能给我最大的满足感？不要忽略激励的作用，在能给自己带来最高回报的事情中，优先安排那些能给自己带来满足感的事情，通过这种精神上的满足达到激励自己的目的。

“如何有效地实施自我时间管理”，是现代企业中管理者面对的重要课题。时间管理实际上就是自我管理，卓有成效的管理者既有效率（把事情很快地做完）又有效能（把事情做对），会遵循上一节中介绍的方法将所有的待办事项按照急迫性与重要程度划分为：重要且紧急、重要但不紧急、紧急但不重要和不紧急也不重要四类。诊断自己的时间分配是否合理的方法，就是检查自己分配在重要但不紧急事情上的时间有多少。所以德鲁克指出，如果还不到一半的话，那么你的状态，不是在高强度的压力中处理重要且紧急的事情，就是浪费在其他不必要的事情上。

德鲁克指出，我们在开展工作前所做的，无论是记录和分析时间，还是排除不重要与浪费时间的活动和因素，都是为了让管理者可以拿出更多时间从事更重要、更有贡献的工作。然而我们发现，无论时间的改革是多么颠覆，我们所能剩余的时间还是不会太多，毕竟时间是有限的，而工作总是接踵而来。

德鲁克认为，主管真正可以自由支配，而且可用来从事重要事务的时间，很少可以占到工作时间的四分之一。而且组织规模愈大，用在维持团队合作和运作上的时间就愈长，用在从事有生产力的活动的时间就愈短。因此，主管管理时间的最后一个步骤，就是找出一段完整的时间，专心地完成重要的事。

为了有更多的时间处理工作，很多管理者会选择牺牲节假日在家继续工作，另一些人则是在每天上班前，安排一定的时间在家工作之后再准时上班，或者说提前到公司工作。德鲁克认为，早起工作总是比把工作带回家做更有效率，因为忙了一天的管理者们，通常到晚上都已累得没办法工作了。

正因为时间对于任何人都是相同的，谁也无法获得比别人更多的时间，因此提高效率的唯一办法就是充分地利用时间。德鲁克指出，一个管理者会不会利用时间，关键就在于他会不会制订适合自己的完善合理的工作计划，而对于这一环节，在实际工作中很多人都没有注意到或者直接忽略了。也有一些管理者虽然制订了工作计划，但也只是把订计划当成一个工作任务去对待，并不是为了更有效地指导工作而做出计划。所以在这样的情况下，订出来的计划很大程度上有可能是没有经过仔细思考的，缺乏实际指导意义，不能成为改善工作的指导。德鲁克还强调，即便是注意到这个环节，但没有认真对待，或者说没有足够重视它，也是时间管理失败的原因之一。

与此同时，制订时间的使用计划也是非常重要的。所谓制订工作计划，就是填写自己和企业的工作安排时间表，什么时间做什么事，这些事的既定目标是什么，按照什么顺序做，哪些事是重点，每件事大约需要多久的时间，规定的目标要何时达到等。

德鲁克强调，中层管理者需要清楚的是，有计划地利用工作时间并不是要求管理者把工作时间全部填满需要完成的工作内容，而是指合理地安排最主要的工作和最关键的问题。企业内部的工作通常有很强的关联性，只要这些工作和问题安排处理得适当，就会促使其他的事情按时完成。因此，他认为真正会利用时间的管理者，会用一定的时间去周密地考虑工作计划，确定正确完成工作目标的手段和方法，安排好完成目标的进程及步骤，他们不但在一个周期的工作开始前这样制订计划，在动手做每件事以前也会这样做。大目标有大计划，小工作则有小安排，每件事情都有符合具体情况的计划和安排，顺着这个轨迹，事情就能按部就班地完成。

德鲁克还强调，精明的管理者面对大大小小的事情，事先都会进行周密的考虑。制订出完整的计划，划分出完整的时间区块，这样执行起来就顺理成章。表面看来，做计划和考虑问题占用了很多时间，但实际上，从宏观上考量则节省了许多宝贵的时间，省略了不必要的步骤，避免了其中不合理的流程。

改正身上的坏习惯，提高时间效率与执行力

阻碍一个人执行力的往往是很多坏习惯：早晨赖床的习惯会让一个人上班迟到；爱找借口的习惯会让工作拖到最后；不珍惜时间的习惯会让人工作效率低下……总之，那些坏习惯会毁了一个人的效率与执行力。

德鲁克告诉我们，在工作中，有四种坏习惯最可怕，它们会让一个人对时间管理无序，而且会加强身上的拖延症。但如果你能够对其加以克服，不仅会使你的工作变得生动有趣，还可以提高你的工作效率。四种坏习惯如下所述：

第一种工作上的坏习惯：办公桌上杂乱无章，严重影响解决问题的效率。

你的办公桌上是个什么样的情景？是不是杂乱无章地堆满了各种信件、报告和备忘录？当你看到自己乱糟糟的桌子时，你是不是会经常紧

张地想：我还有什么工作没有完成，怎么看起来我有这么多没有完成的工作！你是不是会因此感到焦虑，觉得工作如此繁重，从而对工作产生了厌倦？著名的心理治疗家威廉·桑德尔博士就遇到过这样的病人。

这位病人是芝加哥一家公司的高级主管，他刚到桑德尔博士的诊所时，看上去满脸的焦虑。他告诉桑德尔博士自己的工作压力实在是太重了，每天总有做不完的事情，但是无可奈何的是又不能够辞职。桑德尔博士听完他的一席话之后，指着自己的办公桌说："看看我的桌子，你发现了什么？"这位主管顺着桑德尔博士手指的位置看去回答道："比起我的办公桌，你的实在是太干净了。"桑德尔博士听了他的话后微微笑道："是啊，这样干净是因为我总是能在第一时间将工作处理完，这样一来我的桌子上就不会有太多的东西啦，你可以试一试我的方法。"那位主管一脸疑惑地看着桑德尔博士。

过了 3 个月之后，桑德尔博士接到了那位主管的电话。电话里，那位主管非常高兴，他对桑德尔博士说他的方法简直太神奇了，现在他看到自己的桌子再也没有以前那么大的压力了。"现在我的桌子也和你的一样干净了。"就这样桑德尔博士治愈了这个高级主管的焦虑症。

有诗人曾写过这样的话："秩序，乃是天国的第一条法则。"芝加哥西北铁路公司的董事长罗南·威廉士说："我把处理桌子上堆积如山的文件称为料理家务。如果你能把办公桌收拾得井井有条，你将会发现工作其实很简单，而这也是提高工作效率的第一步。"

看看自己的办公桌，如果文件堆积如山，那就开始清理它吧。

第二种工作上的坏习惯：工作中分不清事情的轻重缓急。

著名企业家亨瑞·杜哈提说，如果一个人同时具备了他心中的两种才能的话，不论开出多少薪水，他都愿意。这两种才能是：第一，善于思考；第二，能够分清事情的轻重缓急，并据此做好工作计划和安排。

查尔斯·鲁克曼在12年之内，从一个默默无闻的人一跃成了公司的董事长，他说这都归功于他具有的这两种能力。第一，善于思考；第二，能按事情的重要程度安排做事的先后顺序。查尔斯·鲁克曼说："我每天都会在早晨5点钟起床，因为此刻正是思维活跃、清晰的时候。在这个时候，我可以就我近期的工作进行一些规划，排出事情的重要程度，以便安排自己的工作。"

第三种工作上的坏习惯：不能果断处理问题，导致问题总是处于悬而未决的状态。

霍华德先生说，在他担任美国钢铁公司董事期间，董事们总要开很长时间的会议，因为，会议期间要讨论很多议题，但是大部分议题却无法达成共识。其结果是，工作效率无法提高，而董事们的工作量却十分繁重，每位董事都要抱着一大堆报表回家继续工作。

针对这种毫无效率的工作方式，霍华德先生向董事会提出了自己的建议：每次开会只讨论一个问题，而且必须做出最后的定论。霍华德说，虽然这种做法也有其弊端，但是总比悬而未决，一直拖延来得要好。最终，董事会采纳了他的建议。霍华德先生说，很快，这种方式就体现出了优势，他们很快就把那些积累了很长时间的问题解决了，董事们干起活来也觉得轻松了许多，不必再把家庭作为自己的第二工作场所了。

不得不说，这确实是一个提高工作效率的好方法，值得你我借鉴。

第四种工作上的坏习惯：喜欢大包大揽，不相信自己的部下或者同事。

德鲁克指出，很多人都有这种工作习惯，所有事都喜欢亲力亲为，结果，他们总是被那些琐碎的事情纠缠得筋疲力尽，无法享受自己辛苦打拼来的幸福生活。其实，这种现象在很多领域都普遍存在，人们总是不放心其他人，担心那些人会把事情搞砸，于是，他们不得不不厌其烦地处理那些在工作中出现的细微事情。喜欢大包大揽的人，始终处于一种紧张的、焦虑的生活之中。

然而，要试着相信他人，将自己手中的工作分一部分给他人来完成，这对于一个责任感太重的人来说可能也是不容易的。他会觉得如果一个人没有能力承担自己所交给他的工作，那么必将会影响相关工作，进而损害自己的声誉。可是，如果我们想要摆脱终日紧张的工作状态，就必须学会分权，学会量才而用，将那些无关大局的琐碎工作交给他人。这样，你不仅会提高自己的工作效率，还会真正体会到工作的乐趣。试一试吧！

上面列出了在工作中容易养成的四个坏习惯。在告别拖延症、提升执行力时，请检查一下自己在工作中是否正在犯上述的错误。如果有，请马上改正，这样，你就会懂得如何更好地管理时间、提高效率、加强自己的执行力。

Part 10

自我管理：你有怎样的修养，就有怎样的高度

不断学习，是做好管理的基础

困难就是一座山，无论是个人还是企业，都会不断地遭遇这样抑或是那样的困境。如果面对困境知难而退，那么最后只能收获失败的结果，而想要解决困难，办法之一就是学习。

只有勇于学习，不断学习，并大胆地借用前人的经验或文明成果，才能够为个人或是企业的发展寻找到一个个解决困难走出困境的方法。现在是一个知识大爆炸的时代，新事物的出现犹如雨后春笋，可以毫不夸张地说，一天不学习，你都会落伍。因此，学习不仅是解决企业重重问题的指明灯，同时也是打开财富宝藏的金钥匙。

企业管理者是一家企业的战略发动机，如果这位管理者连战略眼光都没有，又怎么来为企业制定既符合实际又能给企业以指导的战略呢？

而学习充电就是提高自己战略眼光的途径之一，于是很多企业家都在不遗余力地学习，给自己充电。

瞿虹是湖北首届十佳职场魅力女性，身兼湖北对外服务有限公司总经理一职，她本人就是终身学习的践行者和代表。她在华中科技大学读完经济学的研究生后，又到武汉大学在职高级工商管理硕士研修班进行深造。

武汉销品茂前总经理刘焕来、副总经理周利群等，虽然早已从清华大学在职高级工商管理硕士研修班毕业，但是仍旧几乎逢课必听。根据清华大学清远教育中心的统计数据显示，仅用半年时间，30 名已毕业的总裁级别的学员纷纷续办学员卡，凭借此卡，中心每月一次的高级工商管理论坛活动对他们自由开放。

德鲁克也强调过，我们正处在一个高速发展的时代，而这个时代是多变的，多变的原因就在于不同的方向。当身处这样的一个时代中，管理者就需要能够紧跟时代，不断学习，更新自己的知识底子，以便自己能够认清时代当中的机遇，并能够学会与机遇一起赛跑。

在过去的这十几年当中，我们最重要的认识就是，终于明白了受教育不仅仅是在学校需要做的事情，更是一生都必须持续的事情。变化首先来自市场，在这个变化过程中，作为市场经济当中最活跃的中国企业管理人员急需充电，已经是不争的事实。

从德鲁克本身来看，他的一生就是一个很好的例子——从 1937 年移居美国后，他就开始了一边教书一边写作的生涯，而一年之后，他出版了第一本著作《经济人的末日》。在随后的多年里，德鲁克几乎每隔三四年就会出版一本著作，而他的著作所围绕的始终都是关于经济和企业管理一类的理论。当然，他的管理学理论也并非是凭空想象出来的，也不是他经验的总结，因为他的一生，始终都是处在教书、写作和学习当中，所以，德鲁克的理论很大一部分都是通过他平时的读书积累而来的。

德鲁克用别人无法想象的时间和毅力读完了很多前人留下来的各种关于经济和企业管理方面的成果，同时也对美国的资本主义形态和美国经济的运行体制进行了透彻的研究和分析。而在 1942 年，他又受聘于当时全球最大的企业——美国通用电气公司，成为一名顾问，自此，开始了其对世界大型企业内部管理上的研究和分析。可以说，他在不怕困难、努力学习的意念下，掌握了通用公司因企业内部管理而令企业走上一条漫长的辉煌之路的过程和原因，于是在 4 年后的 1946 年，他根据自己在通用公司的调研中的心得写成了《公司的概念》一书。这本书的出版，为他打开了一扇通往企业管理的窗，同时也让他首次提出了“管理学”这一概念。

德鲁克认为，管理是一门学科，不应该把它与其他任何一门学科混淆在一起。从此，管理学正式成为一门有别于其他任何一门学科的学科。德鲁克的这一富有战略性的做法，可以说开创了一个全新的管理学篇章，而他在借鉴前人留下来的宝贵经验的同时，还提出了一个既属于自己，又属于整个人类的管理学体系。无疑，这一切都是德鲁克努力学习与利用前人的经验，然后勇于探索的结果。

为了充实和完善自己的管理学理论体系，在随后的诸多年里，德鲁克又对美国电话电报公司、惠普、微软等世界 500 强企业进行了更为深入的研究，并于 1954 年出版了他的另一本重要的著作——《管理的实践》。在书中，他首次提出了“目标管理”这一划时代的壮举，从而为很多企业管理者提供了一个可以用来控制企业目标与成就的理论。

英特尔的前 CEO 安迪·格鲁夫与微软的创始人比尔·盖茨将德鲁克的管理学理论奉若神明，并且深受其管理理念的影响。特别是盖茨，早在他在哈佛大学读书期间就曾信誓旦旦地告诉自己的老师，说自己在 30 岁的时候会成为一个亿万富翁，而事实上，盖茨在 31 岁时成了一名真正的亿万富翁。

盖茨的预言绝不是凭空的猜想，而是他对自己的人生实施目标管理后的一种理性推测，因为在他刚刚 17 岁的时候，他就向他的一位中学老师卖出了他平生的第一个电脑编程作品—— 一个时间表格系统。当时，盖茨与他那位中学老师的成交价是 4200 美元，可以说，这在当时是一笔不小的财富。

在德鲁克的这种目标管理理论的影响下，盖茨为了实现自己亿万富翁的人生目标，在哈佛大学读书期间就参与编写了 Altair BASIC，后来成为 Microsoft 也就是微软的第一款产品。尽管 Altair BASIC 是当时盖茨与其他几个同学一起编写出来的，并不是他自己的发明，但 Altair BASIC 同样是基于 1974 年 Intel 研发出的 8 位微处理器 8080 的基础上发展出来的，只不过，当时是在只有 4K 存储的 PDP–10 计算机上编译出来的。盖茨和他那位大学同学的这一做法，就像是德鲁克当年将管理学作为一门学科单独剥离出来和他提出“目标管理”理论一样，完全是因为他善于在继承一切文明成果的基础上，通过自己的学习和理解对前人的理论进行了拓展性的改良与发展，从而拥有了属于自己的产品。

后来，当盖茨得知国际商业机器有限公司正在寻找一款新的操作系统来更换它们原有的操作系统时，他就从一位同学手里买下了对方刚刚编写出来的一款新的操作系统，并把他转手以更高的价格卖给了国际商业机器有限公司。这本来是一种纯粹的商业行为，只不过，盖茨在将这款操作系统卖给国际商业机器有限公司时留了个心眼——对方不能独享这个系统。可以说，盖茨的这一做法，给他的微软带来了意想不到的收获，因为当盖茨后来创办微软之后，他花了几十美元从大学同学那里买来的那个操作系统也就是 DOS 操作系统，将盖茨的事业一步步推向了巅峰。在后来的日子里，盖茨和他的微软公司，正是在 DOS 操作系统的基础上，经过了反复的研究和改良，推出了一个全新的操作系统——MS–DOS 操作系统的，从此盖茨便开启了他的微软时代。

其实不仅仅是德鲁克和盖茨，包括后来谷歌的创始人谢尔盖·布林和拉里·佩奇等人，他们也都是在学习和钻研中慢慢成长起来的，并最终创造出了属于自己的惊人成绩和财富。由此可见，只有努力学习，并在学习中继承那些优秀的文明成果，才能不断地前进和发展，成就伟大的事业。

不过，对于管理者而言，时间也就是金钱。如果充电学习没有从自己的实际出发，那么不但充电不成，还浪费了自己的宝贵时间，所以，不同层次的管理者应该选择不同的充电内容。

对于大型企业高层来说，宜以战略修养为重点。当企业达到一定规模的时候，对企业的管理人就提出了更高的要求，北大光华管理学院院长助理何志毅教授认为，企业管理人员本身对企业的经营管理负责，不但有很好的实践经验，还需要掌握系统的管理知识，需要具备国际视野和战略眼光。此时的企业需要管理者着眼于战略规划、竞争优势，提高商业洞察力，这类管理者就应该选择战略修养作为自己的充电内容。

对中层管理者来说，则重在操作性。一般来说，中层管理者都是从业务骨干中提拔出来的，这些人身兼决策及实施职能，在系统的管理知识和科学的分析方法方面有所欠缺。那么这类管理者就应该选择在管理方面具有操作性的内容作为自己的充电内容，以求系统而全面地掌握现代管理学的基本概念、管理的基本原则和实用的管理方法、技巧及应用工具，以求使企业管理团队对现代企业管理规则有正确和统一的认识，真正领会管理的精髓。

理论与实践，永远是一对孪生兄弟

人是有惰性的，管理者也不例外，尤其是在安逸舒适的环境中。德鲁克说过，一般来说，管理者普遍才智较高，想象力丰富，并具有很高的知识水准。但是一个人的有效性，与他的智力、想象力或知识之间，几乎没有太大的关联。有才能的人往往最为无效，因为他们没有认识到才能本身并不是成果，他们也不知道，一个人的才能，只有通过有条理、有系统的工作，才有可能产生效益。

德鲁克认为，很多优秀的企业管理者之所以成就了非凡的事业，在很多时候并不是因为他们在企业管理上有多么超越的才能，他们对专业知识的把握只不过是为他们开启了一扇创业的大门，真正让他们取得成功的关键，是在实践过程中不断积累起来的经营与管理的经验。换句话来讲，并不是所有的事情，只有自己瞄准了再开枪才会打中目标，从某种程度上来讲，学得再好，如果无法运用到实践当中，也是枉然。

理论和实践就像是一对孪生兄弟，是一个人或者一个企业走向成功之路所必须经历的。对于很多企业管理者来说，德鲁克的管理学理论尽管并不是由他亲身经历后获得的，却是他通过学习广泛的理论知识，加之长时间对如通用电气等大型公司的全面研究后才得出的。所以，他的著作一经问世便得到了众多企业管理者的追捧，但如果真想将德鲁克的理论知识化为财富，就必须像韦尔奇、比尔·盖茨等企业家一样去付诸实践，因为只有实践才是检验真理的唯一标准。

美国著名的推销员乔·吉拉德虽然只是一名推销员，但他并不介怀，反而对自己所从事的工作感到很荣幸。虽然乔·吉拉德从来没有经营过自己的企业，但在他成名之后，接到了很多大公司的盛情邀请，请其去出任管理者，但都被他婉言谢绝了。事实证明，没有人因为乔·吉拉德一生所从事的这份推销员的工作而看低他——他不仅因为这份工作让自己在 2001 年与本田的创始人本田宗一郎、法拉利的创始人恩佐·法拉利等人一同入选了汽车名人堂，还创造了吉尼斯汽车销售的世界纪录。

虽然乔·吉拉德只是个汽车推销员，和那些执掌企业大权的 CEO 们不可相提并论，但在创造财富的道路上，乔·吉拉德看似是在单兵作战，实际上却和那些掌管企业的经理人有着相同的管理理念。只不过，企业家们管理的是一个有形的企业，从某种程度上来讲那些企业的员工与企业有着工作上的一种合约，而乔·吉拉德所管理的却是他那些曾经买过或者是没有买过他所出售的汽车的顾客，所以，在德鲁克的眼里，乔·吉拉德是一位“隐形的经理人”。

由于乔·吉拉德在高中还没毕业时就参加了工作，所以他掌握的管理理论并不多，以致他与创业者也有着明显的区别，即他无论做什么事情都极少会等想明白了再去付诸行动，因为在乔·吉拉德的眼里，不能等到学好所有的理论知识再去实践，否则恐怕自己早就被饿死了。

乔·吉拉德在35岁的时候想扩大自己的生意，但结果被人骗了，他的建筑队也因此宣告破产，在走投无路之下，经一位朋友的介绍他走进了底特律的汽车市场做了一名推销员。因为当时的他已经身无分文，所以必须要卖出一辆汽车才能够向老板预支一周的工资。在这种情况下，他根本没有时间去考虑任何事，在上班的第一天他就急急忙忙地在门店前招呼起路人来，但是一上午的时间过去了，仍没有一个人在他的招呼下进店看车。

这是因为乔·吉拉德有着严重的口吃，整整一个上午他竟然没有招呼到一个顾客。乔·吉拉德有些失望，就在此时他遇到了一个和他同样做推销员的人，不同的是对方是在推销可口可乐，而他推销的是汽车。无奈之下，他只好和这位可口可乐推销员聊了起来，当他得知这位推销员已经做了3年的推销工作，正打算下半年自己做批发生意时，便不失时机地向他推销起了汽车。因为乔·吉拉德认为，对方既然打算自己做批发、当老板，就需要拥有一辆自己的汽车，并且他还劝对方，做生意要趁早。可口可乐的推销员听了他的劝说后，也认为事实确实如此，于是，决定马上付诸行动，便向乔·吉拉德询问起汽车的型号。最后，可口可乐的推销员表示车是一定要买的，但钱暂时还无法全部到账。在这种情况下，乔·吉拉德就向他讲述起了几种付款方式，并且给他提出了建议，最好是选一年期分期付款。于是，这笔生意就在乔·吉拉德的努力下做成了，而他也因此从老板那里预支出了一周的工资。

试想，如果当时乔·吉拉德只是被动地坐在店里等顾客，恐怕他很难卖出去一辆车。可以说，正是因为他给自己定下了要完成一笔订单的目标，才让他见到一个人便开始主动向对方展开了推销，而当得知对方确实有购买汽车的需求后，乔·吉拉德便以坦诚的态度说服了这位可口可乐的推销员，让其决定当下就买一辆车。

乔·吉拉德掌握的理论知识虽然很少，但他凭借着自己的一颗坦诚的心，总是设身处地地从对方的角度出发，最终取得了成绩。特别是在后来，乔·吉拉德又通过在球赛观众席上撒名片、为客户建立档案、让顾客为自己寻找顾客等方式使自己在 15 年的推销生涯中一共售出了 13001 辆汽车。尽管乔·吉拉德所从事的是销售工作，但他对那些老顾客资源的有效沟通与管理，实际上也是遵循了德鲁克目标管理的法则，为自己组建了一个无形的团队。在这个团队的合力作用下，仅仅在 1976 年一年的时间里，乔·吉拉德就收获了 75000 美元的佣金。

也有很多管理者整天待在办公室里，不到外界考察和获取信息，不知道管理方法如何提升，也不懂得把理论上的收获用于实践……那管理者该如何把企业经营管理得当呢？

麦当劳快餐店的创始人克罗克被评为美国社会有影响力的十大企业家之一。他就不喜欢整天坐在办公室里，他大部分的工作时间都用在“走动管理”上，也就是说他的管理方式就是到所有分公司、部门走走看看，看看员工的工作状况，听听员工和顾客的意见等。

某段时间，麦当劳公司曾一度亏损，面临着严重危机。走访后，克罗克发现了一个很严重的问题，那就是各职能部门的经理有着严重的官僚主义作风，他们习惯于躺在舒适的椅背上对员工指手画脚，把许多宝贵的工作时间耗费在抽烟和闲聊上。

为此，克罗克想出一个“奇招”，那就是将所有经理的椅子靠背锯掉。开始的时候，很多人认为克罗克疯了，但不久后大家就体会到了他的一番“苦心”。经理们因为再也“坐不住”，纷纷走出办公室，也开展起了“走动管理”。这就使他们能够及时地了解情况、现场解决问题、督促员工工作、及时收取顾客的反馈信息，这一改变也使公司扭亏为盈。

躺在那里除了耗费时光是不能改善你的绩效的，即使你能力再强，你的时间和精力都用在“休息”上，谁还能知道你有才华呢?

德鲁克指出，管理理论和实际操作完全相符合的情况，几乎是不存在的。管理者认为只要套用现成的管理理论，学习先进的管理经验，就可以一劳永逸地解决所有的问题，这种观念是不对的，这样的管理者，要么是对理论的普遍性和实际的特殊性不了解，要么就是毫无追求的人。你的能力、你的才华如果不应用在实际的生产经营上，靠指挥和命令带领团队，根本不可能提高绩效，而你的能力与才华也会被荒废。

根据德鲁克的理论，作为管理者，我们本身就要具备实实在在的业务能力、技术优势和专业知识。在企业和团队的要求下，我们必须不断地吸收知识，使自己拥有更多能力。好的管理者首先应该是业务或部门技术的高手。他强调，你将才华应用于实际工作，实际上更多的是为了给员工树立榜样，你能做到，下属也就有了目标和方向，整个建立于实践基础上的团队才是能够取得高绩效的团队。

根据德鲁克的分析，我们不能成功的原因不是计划得不周全，也不是准备得不足，而是根本就没有把能力用在正确的地方，用行动来实现理想。所以，即便计划得再完美，准备得再充分，如果没有迈出行动的坚实步伐，那前期谋划的一切都没有实际意义。

德鲁克还认为，“理论用于实践”，指的是管理者除了“听、说”之外，一定要做一个实干家。决策不可能直接等于成功，战略计划和执行是需要从你现在所处的位置向你想要去的目标位置前进的。在当今世界，组织的发展前景不像我们以前认为的那样清晰，成功的管理者能够真实地面对现在的业绩、个人和团队的优势、与合作伙伴或者竞争对手的关系及实力、工作的流程和内部制度的约束还远远不够，最重要的还有能支配和培养的人力资源，以及自身才华与能力的实践。他建议我们，卓有成效的管理者需要完成的任务很多，不过排在第一位的就是拥有完美的执行力，也就是将无形的概念、策略、方法、能力等应用到实践中去。

德鲁克同时也指出，所谓的“执行力”不是单一的素质，而是多种素质和能力相结合的表现。虽然市场大环境不一定景气，但企业应该一直保持在平稳发展的阶段上，想要令生产销售规模不断扩大，就要提升管理水平。而提升管理水平，除了要有好的决策班子、高瞻远瞩的发展战略和系统的管理体系外，更重要的，甚至说最为重要的就是管理者的执行力。

谦虚使人进步，每个人都有可以学习的地方

谦虚使人进步。身为领导对待工作要懂得谦虚、借鉴他人长处，进而将自己的才能发挥到最大限度，这样才会获得更高的权威。反之，如果领导目空一切，这样的行为只会成为自己前行道路上的绊脚石，不仅失去了下属对你的支持，还失去了下属对你尊重。

孔圣人说："三人行，必有我师焉。择其善者而从之，其不善者而改之。"意思是众人之中也一定有我们可以学习的地方，把别人视为一块明镜，发现自己的缺点，学习别人的长处，若有缺点就改正。所以，敏而好学，不耻下问，虚怀若谷，是每一个领导者通向成功的重要前提。实际上，领导虚心向下级学习，不耻下问，更能显示出领导的大度和良好的个人品行。

在德鲁克倡导管理学的一生中，作为纽约大学研究生院的管理学教授，在教授学生之余，他不仅一直都在向他的学生们强调学习的重要性，同时他自己的一生也从来没有放松过向任何人学习的机会，只不过相对于大多数人来说，德鲁克的学习往往有着更多的目标性。德鲁克对知识的获得主要是通过书本，无论是谁的著作，只要是和他想掌握的知识相关，他都会拿过来认真研读，而对包括美国通用电气、IBM 等一些大公司的研究，也让他从一个个企业发展的历程中获得了对理论知识的实践验证机会。

很多人都把德鲁克这种独特的学习方法称为“德鲁克式”学习法，但对于德鲁克本人来说，他认为自己的这种学习方式并没什么奇特之处。当有人问及他学习有什么诀窍时，他总是会笑着说：“三人行，必有我师焉。”这是孔子在几千年以前说的一句话，却被远在西方的德鲁克牢牢记住了。因为早在 20 世纪 80 年代初期，德鲁克便来过中国，并且对当时中国的企业管理者们提出了很多中肯的建议。其中，他特别强调管理人才的问题，认为中国正面临着最大的需求和最好的机遇，应当快速培养起一些卓有成效的管理者，并且他还特意强调：“卓有成效的管理是可以学到的，也是必须学到的。”

其实不仅仅是中国的企业，当前很多国家的企业都需要卓有成效的管理者。无论是企业的管理者，还是企业的员工，从德鲁克的话语中都可以看出他对学习所持的态度。在德鲁克看来，一个人拥有多少才能并不是主要的，关键是看他是否能够始终保持一种积极学习的态度。学习能够让人不断地积累知识，并不断开阔自己的视野，就像德鲁克自己一样，他从来没有进过一家企业做过管理者，只是通过自己对书本和对美国一些企业的研究，就写出了近 40 本管理学著作，并且这些著作还得到了比尔·盖茨、杰克·韦尔奇、安迪·格鲁夫等人的高度称赞，甚至很多企业的CEO将德鲁克的每一篇文章都奉若经典。这些有着丰富的成功实践经验的企业管理者们，之所以如此追捧德鲁克这样一位没有企业管理实践的教授和学者，其实也是源于德鲁克自己永不止步的学习所取得的出类拔萃的卓越知识和独到的眼光与智慧。

善于向任何人学习，成为德鲁克一生的追求。在这方面，作为德鲁克管理学理论忠实信徒的通用电气公司的前CEO杰克·韦尔奇，可以说将德鲁克的这一理论发挥到了极致，并且因此让通用电气走向了更辉煌的阶段。

在执掌通用电气公司之后，韦尔奇通过大举的裁员与部门融合，对通用现行的体制进行了由上到下的重新洗牌。就在很多媒体和通用公司的员工都对韦尔奇此举纷纷表示出质疑的时候，韦尔奇再次提出了一个出乎所有人意料的决策，即号召整个公司的员工都要“以全球所有的公司为师”的企业管理理念。尽管很多华尔街的财经人士都对此举表示赞同，并且通用公司的股票价格也因此而出现了上涨，但公司的管理体制实际上早已千疮百孔，所以摆在韦尔奇面前最大的问题就是建立一个健全的机制。

由于对德鲁克管理学的深刻领悟，韦尔奇没有单纯地做出组建新团队的举措，而是从企业发展的角度出发，将目光放在了企业与市场的高度。因为他明白，只要动员整个企业员工和管理层展开一场向优秀公司学习的热潮，就能够彻底摆脱通用公司当前所面临的困境。

在韦尔奇的“向任何公司学习其优秀的管理经验”的口号下，通用公司重新焕发了神采和活力——不仅20年间公司的净利润出现了大幅度的提高，还以107亿美元的年盈利成为全球第一，韦尔奇本人也被誉为“世界第一CEO”。与此同时，向优秀的企业学习管理的做法，也让很多在通用公司管理层工作过的基层领导者通过学习收获了很多知识和宝贵的经验，后来成为各大公司的CEO，而通用公司也被誉为“全球经理人的摇篮”。

由此可见，德鲁克以其自身的经验留给了后人很多无法估量的宝贵经验，尤其是敢于向任何人学习已经成为众多企业管理者的一项共识。

虽然有很多例子都可以证明，领导应该抱有一颗向下属学习的心，但是有些领导还是很担心，如此一来自己的权威是不是会有所动摇？会不会让自己的尊严受到打击？更重要的是向下属学习就等于承认自己的能力不如下属，这是很难让身居高位的领导者接受的。那么领导者该如何面对不如下属的尴尬呢？

天士力制药集团股份有限公司董事总经理李文是这样说的：

“每个人都会有一个心理的底线：如果说一定是只有一个位置，而我们两个人非此即彼的话，很可能谁也容不下谁。但事实并不是这样，家庭式作坊的运营模式早已被企业淘汰，现在的企业拿出了一套科学化的管理模式。如果有人有某方面的特长，我会安排他做符合他特长的工作；如果他综合能力比我强，我一定会推荐他到其他分公司做经理；或者他做我这个位置更合适，我可以去其他分公司。

“下属在某一领域强过领导，这是很正常的事情。我们是制药企业，我不是学医出身，可以说我是个彻头彻尾的外行，所以，从这点看，我觉得我手下的人都强过我。但我们现在发愁的还是人才不够多，我们是个求贤若渴的企业，特别是对于像我们这样正处于上升期的企业，虽然我身为领导，但不见得我什么方面都强过我的下属。即使是能力超强的领导，也要依靠他人的辅助才能获得更大的成功，所谓尺有所短，寸有所长。”

领导者承认下属某一方面有比自己强的地方，并不是件令人难堪的事情，这样还会表现出领导者任人唯才的英明。

一位很有成就的管理者说过，他的智慧和能力平平，在公司至多算一般，但有一点却是别人无法企及的，那就是他总是能设法使比自己聪明的人愿意在自己手下工作。

身居领导岗位的你可以不懂新技术，但是你一定要掌握最科学的管理方法，所谓“闻道有先后，术业有专攻”。

在日常管理中，领导者要善于发现每一位下属的长处和优势，放下身架，谦虚地向他们学习，这样才会不断进步。领导者的管理方式成功与否，不在于是否具有非凡的能力，而是表现在不断地借鉴别人优秀的地方，能通过借鉴和学习别人的优点来逐步完善自己。所谓“成功是经验的积累”便是这个道理。

发现自我，用你的优势去工作

德鲁克指出，无论做什么都应该从自己出发。一个不知道如何发展自我的管理者，一定不会是一个好的管理者。所以，管理者在管理他人的同时，也别忘了发现自己的优点，只有这样，才会为企业创造更大的利润。

德鲁克说过："有效管理者的自我发展，是组织发展的关键所在。"对于现代社会和经济来说，管理者只有进行充满激励和目标的职业生涯规划，才能够不断地发展自我、超越自我。而一旦企业当中的管理者都具备了明确的发展方向，就能够缔造出一支不断成长的管理者团队。

现在的社会充满了各种各样的选择和机会，其实人们只要胸怀理想，有能力有魄力，就可以掌握自己的命运，无论从何时何处起步，都有可能沿着自己所选择的目标攀上事业的巅峰。实际上，在德鲁克的管理理念中，员工应该成为自己目标的首席执行者，学会并实践自我管理、自我发展、自我规划，把自己放在能对组织和社会做出最大贡献的位置上，在漫长的职业生涯中始终保持着警觉和付出，认清自己的优势，不断修正并坚定自己的发展道路。

希腊著名雕刻家菲狄亚斯接到了一个活儿，要为雅典的神殿做雕像。这些制作的雕像至今仍在神殿的屋脊上，被誉为西方历史上最伟大的建筑。有机会，读者可以到这个地方参观一下。

说到这个工程，当时菲狄亚斯向雅典政府申请款项时，财务大臣不愿意付款，理由是："这些雕像站在神殿屋顶上，也就是位于雅典山丘的制高点，除了雕像的正面，我们几乎什么也看不到。可是你却想要整个立体雕像的费用，就连没人看得到的部分也要付款。"

菲狄亚斯反驳说："你错了，神看得见。"

德鲁克由此深受震撼，他深深地体会到，就算只有神才会注意到，我也必须追求完美。

虽然说任何事情都不是绝对的，优势和劣势也是一样。不过始终把自己放在劣势的地位，就是给自己加压。而为自己增添进取的动力，最终就有可能把劣势转化成为优势，这也是发现优势的办法之一。

德鲁克说："卓有成效的管理者不禁要问：自己应该贡献什么？而且也要问：在公司里谁应该知道我想要贡献什么，以及我正在做什么？我该用什么方式表达，才能让别人理解和运用，使别人也成为卓有成效的管理者？"

经验说明，用最适合自己的方式，做自己最擅长的事，这是成功最容易的方法。但在德鲁克看来，许多管理者只知道自己不擅长什么，也了解自己的缺陷，而对于自己擅长什么并不是很清楚，更谈不上利用自己的所长了。因此，人们想要成功，首先需要对自己有一个深刻的认识，不能了解自己的人，就谈不上自我发展。

德鲁克列出了几个问题，这些问题有助于我们认清自我：我的长处是什么？我是如何工作的？我的价值观是什么？我属于何处？我该做出什么贡献？

德鲁克认为，要发现自己的长处，并不是一朝一夕就能做到的，有一个有效的途径，那就是回馈分析法：每当你做出重要决定或采取重要行动的时候，都可以事先记录下自己对这个任务结果的预期，也就是你的预定目标，一定周期后，将实际取得的结果与自己预期的目标进行比较。另外，德鲁克还说："一个人不仅应该专注于自己的长处，还需要进一步加强这方面的能力，尽量少把精力浪费在不能胜任的领域，因为从无能到平庸要比从一流到卓越需要人们付出多得多的努力。"

每个人的长处都具有独一无二并且基本稳定的特点，工作方式也是如此，这通常与人在成熟后稳定的性格和行事风格有关，虽然可能会有略微调整，但不可能完全改变，因为这是植根于人的习惯中的，不可能轻易动摇。因此，德鲁克给我们的忠告是："不要试图改变自我，因为这样你不大可能成功。但是，你应该努力改进自己的工作方式。"

你认为什么才是有价值的？自己的价值观是自我管理中最后必须要确定的问题。个人的价值观应该与组织的价值观一致，即便不能完全契合，也应该是求同存异的，否则人们工作起来就会觉得难以从心出发，压力会增大，工作时会感到非常疲惫，这样的状态下自然也拿不出工作成绩。

德鲁克认为，在人们了解了自己的长处、习惯的工作方式和价值观后，就能够认知自己应该从事什么工作，并确定自己应该为团队、组织和整个社会做出什么贡献。此外，我们还要认识到同事、合作者等身边的共事者与我们具有的不同长处、工作方式、处事习惯和价值观，想做好自己的工作，也需要与他们进行有效的沟通。

优势能够发展，劣势能够改变。具备职业化思维方式的管理者，必须懂得利用这一点来挖掘自身的潜力。德鲁克指出，全才并不存在，企业在追求人才的时候也不需要苛求人才的全面发展，“物尽其用，人尽其才”才是管理者的任务，没有员工是全能的，成功的人只是比他人更懂得强化自己的优点并管理好自己的缺点，简而言之就是扬长避短。每个人不同优势的最大化为企业带来了最佳效益，也为个人的成功奠定了基础。

所以，德鲁克建议我们：在确立自己的工作目标时，应当结合自身实际情况，以自己的最大优势为辅弼，以最可能获得成功的方式，确立最可能实现的目标，让工作和付出最具成效。相反，一旦选择错误，就要多走不少弯路，即使比他人花费更多的气力，比他人付出更多时间，也可能无法达成目标，更有可能距离目标越来越远。这就是事半功倍和事倍功半的区别。

德鲁克还认为，大多数员工之所以觉得没有发挥自己的专长，最直接的原因是很多管理者错误地认为：只要通过学习，每个人都可以胜任任何职务，每个人的弱点也是他最有潜力的地方。

最后，德鲁克总结出其实每个管理者都是特别的，拥有的才能也是独特的，优点才是自己成长空间最大的地方。管理者之所以能够成功，不是因为他改正了自己的缺点，而是因为他无限放大了自身的优点。只有懂得发现自身优点的管理者才能不断改进自己，提升自己。

作为管理者，你到底要成为谁

“有效”和“成功”是两个不同的概念。现实中那些真正有成效者不一定成功，成功者也并非都卓有成效。按照常规，在工作上最有成绩的管理者，会是组织中提升得最快的人，但是现实似乎并非如此。

德鲁克曾经这样评价“管理”：“管理被人们称为一门综合艺术——‘综合’是因为管理涉及基本原理、自我认知、智慧和领导力；‘艺术’是因为管理是实践和应用。”你需要先明确的是，作为管理者的你到底要成为谁。

身为管理者，我们虽然在学习着德鲁克的知识和理论，但还是需要清醒地认识到一点——德鲁克只有一个。

直到 21 世纪，95 岁高龄的德鲁克日常研究的两大课题竟然仍是“自我管理”与“非营利组织的未来管理”。进行“自我管理”就要从知道自己的长处和价值所在开始。德鲁克曾经这样询问自己的学生，如今我们也来询问自己："自己希望让后人记得什么？"

相信你的答案会随着你的年龄而发生改变，也会随着时代的变化而发生改变。但是始终不变的，应该是让别人的生命因你而有所不同，让自己的存在成为有意义的事情。

我们不可能成为德鲁克，因为每个人的成功都无法复制，每个人也都有着独一无二的价值，但是我们可以透过德鲁克给予我们的启示与教诲，变成"不一样"的自己。

很多时候，今天的决定能成就明天的命运，而影响我们做出不同决定的关键因素就是价值观。价值观的认知非常重要，试想，如果我们不知道什么是自己人生中最重要的，什么样的价值是我们应该一直坚持的，什么是对的，什么是错的，什么事情必须做，什么事情不能越雷池一步，又怎么会知道该为自己设立什么样的目标？该在什么时候做出什么有效的决定？

人们都希望获得成功，也有很多人穷极一生都在探索成功的奥秘。其实，成功比你想象的要简单得多，那些成功人士和其他人中间有着一条明显的界线，那就是成功的关键是自我管理。"德鲁克"既是指管理大师，也是指成功的经验。我们不可能复制他人的成功经验，成为另一个他人，但我们可以向着理想的目标，不断地追求卓越。

最后，让我们来看一个关于经验教训的小故事：

有一个捕鱼能手，在村子里十分受人尊敬，他却有一个很大的烦恼，那就是他三个儿子的捕鱼技能相当平庸。

有一天，他向一个朋友诉说心中的苦恼："为何我的捕鱼技术这么好，而我儿子们的捕鱼技术却个个那么差呢？从他们刚学会走路开始，我就倾尽所有教授他们捕鱼的技能，可以说是手把手地教授。告诉他们怎样撒网、怎样抓鱼、怎样划船才会不惊动鱼、怎样下网能够让鱼自投罗网、教他们如何识潮汐辨鱼汛……我把我这辈子所有辛辛苦苦总结出来的经验，没有一点儿保留地教给了他们，但你看看他们的捕鱼技术，竟然还不如村里那些普通渔民家的儿子。这到底是为什么啊？”

朋友听了他的烦恼后，问道：“你一直都是手把手教他们的吗？”

“是啊，而且我都教得很有耐心，生怕他们不懂。”

“那他们一直都是跟在你的身边捕鱼吗？”

“是啊。为了怕他们技术上有失误，我一直都把他们带在身边。”

这位朋友说道：“你这样做，他们是无法成为真正的捕鱼能手的。因为你只是教授给了他们技术，却没有传授给他们教训，对于任何一项技能来说，没有经验和教训，如何能够成大器呢？”

是啊，德鲁克也曾这样总结过：成功企业的管理也有类似之处，很多理论往往是企业长期管理实践的结晶。在规章制度的背后，一定有许多更深层次的内容，而这些深层次的东西是概念化的，既难以把握，也不容易复制。

因此，学会运用一种管理理论，或者学习先进的管理经验，在不断成就自己的道路上，不断问自己“我是谁”？

管理者自身要有觉悟，对于接近“德鲁克”来说，仍然是不够的，无法进行实践就无法真正找到组织中自己的位置。因此，作为管理者务必要明确目标，知道自己想要成为的样子，你才有可能最终成为那个人。